ケア場面別の留意点と工夫

認知症利用者　中重度利用者　生活機能訓練

刊行にあたって
～「介護する」から「生活を支える」へ～

　私は理学療法士として，地域リハビリテーション活動を行ってきました。在宅や介護現場で高齢者の身体機能に合った介助法の提案，機能訓練を実施したり，環境設定を考えるといった活動です。そういった活動の中で，昨今，胃ろうやウロバッグ（蓄尿バッグ）といった経管処置をされているような医療依存度の高い重症の人や，認知症を患った人が在宅で生活するケースが急激に増えたと実感しています。

　施設やデイサービスでの機能訓練の役割も変わってきました。これまでは自立度の比較的高い利用者を対象に介護予防を目的とした訓練が主でしたが，最近は医療依存度の高い利用者や認知症の利用者に対する在宅生活の継続に向けた機能訓練が重要度を増してきていると思います。

　老々介護，独居老人，孤独死，徘徊老人などといった言葉が新聞紙上をにぎわしています。また，家族が介護のために退職を余儀なくされる**介護離職**も問題視される中で，私たちは中重度や認知症の利用者が在宅で，いかに安心して暮らせるかという大きな難問と対峙しなければなりません。

　2015年度の介護報酬改定で，厚生労働省はデイサービスに対し「中重度であっても社会性の維持を図り，在宅生活の継続に資するケアを計画的に実施するプログラムを作成すること」と中重度の利用者への対応を呼びかけ，**中重度者ケア体制加算**（45単位/日）を新設しました。これからは中重度者の社会性の維持（役割づくり・社会参加）を念頭に置いたプログラムを立案し，実施していくことが求められます。

　また，認知症の人が今後急増するという予測があります。その社会に対応するため，2015年1月**「新オレンジプラン（認知症施策推進総合戦略）」**が策定されました。その中で「認知症の人の意思が尊重され，できる限り住み慣れた地域のよい環境で自分らしく暮らし続けることができる社会の実現を目指す」と記され，「認知症の容態に応じた適時適切な医療・介護等の提供」の必要性が求められると同時に，介護報酬においても**認知症加算**（60単位/日）がデイサービスに新設されました。

　本書は，2014年5月に刊行した拙著『「間違いだらけの生活機能訓練」改善授業』の内容をさらに一歩進めて，私たちがこれまであまりかかわる機会が少なかった認知症や中重度の利用者を想定して，生活機能訓練の実施方法と注意点を明記しました。当然のことながら，訓練さえしていれば「元気になる」「病気が治る」というわけではありません。しかし，利用者の生活を知り，生活の中で大切なポイントを押さえた訓練プログラムが実施できれば，効果は格段に上がります。認知症・中重度の利用者

の残存機能を生かして在宅生活の継続と自立度を高めるためには，機能訓練のみならず，環境を整えることやかかわり方の工夫をすることなど，あらゆる角度から手を尽くす必要があります。大変ではありますが，それが「介護」という，現代に残された数少ない「**創造的な仕事**」の楽しさでもあると思います。皆さんが対応に難渋するケースに出会った時の参考にしてみてください。

　福祉用具や住宅改修などの事例を挙げた環境設定，声かけや家族とのコミュニケーションなどのかかわり方にも言及しています。こういった総合的なアプローチをすることで，さらに効果が期待できます。

　また本書は，先述した拙著と同様に解説のほとんどを会話形式で表現しています。"リハ達人（生活リハビリの達人）：理学療法士・介護支援専門員ケンジさん"と"機能訓練指導員になったばかりのベテラン看護師ジュンコさん"，そして，"フィリピンから日本にやって来た新人介護職マイラさん"が登場します。介護人材不足が叫ばれる中，日本の介護施設や事業所に外国人労働者が入職するケースも増えています。介護現場では，多職種連携の大切さが叫ばれ，実践が積み重ねられていますが，外国人と対話する，そんな場面もこれからますます増えてくることでしょう。日本の医療・介護の質は高く，特にホスピタリティ（おもてなし）の質の高さは，海外からも絶賛されています。こういったハード・ソフト面の技術が海外でも求められていくことでしょう。そのため，介護現場で働く私たちは文化の違う海外の人にも日本の介護の方法論を知らせていく，そんな役割も増えてくるはずです。自分ならどのように説明するだろうか？　そんなことも考えながら本書を楽しんでいただけたらと思います。

　本書を読まれたことで「日頃の業務に役立った」「利用者さんが元気になった」そんな声が聞けたらうれしいです。そして，中重度の利用者，認知症のある利用者が安心して利用できる，そんな介護サービスを目指す皆さんの一助として本書が役立てば，それに勝る喜びはありません。

　最後に，本書を完成するまでに多くの方々の支えと励ましをいただきました。NPO法人丹後福祉応援団理事長の三井真里氏をはじめ，一緒に働いている職場の仲間たち，地域で連携させていただく医療福祉関係の職員の皆さん，たくさんのことを教えてくださる人生の先輩である利用者の皆様，いつも応援してくれる家族，本書の企画編集に携わっていただいた日総研出版の西本茂樹氏に心から感謝を申し上げます。

2016年7月

NPO法人丹後福祉応援団　デイサービス「生活リハビリ道場」
理学療法士／介護支援専門員／社会福祉学修士

松本健史

CONTENTS

第1章 認知症・中重度の利用者への生活機能訓練を進める上での留意点　9

【序】

- 看護は「手当て」，介護は「手添え」 ……………………………………… 10
- 医療依存度の高い利用者が増えてきた！ ………………………………… 12
- 認知症の利用者も増えてきた！ …………………………………………… 16
- 認知症の症状に伴う生活障害 ……………………………………………… 20
- 利用者の生活リズムを調整しよう ………………………………………… 22
- 認知症の利用者には「快」の感覚を！ …………………………………… 24
- 認知症・中重度の利用者の生活機能を見る視点 ………………………… 27
- 「できること」「できないこと」を見極める ……………………………… 31
- 本人の意思を大切にした目標づくり ……………………………………… 34
- ICFで認知症の人，中重度の人をどうとらえるか？ …………………… 39
- 認知機能や身体機能の評価から生活に必要な訓練を立案 ……………… 41
- デイサービスで"訓練オタク"増殖中？ ………………………………… 44
- 認知症の利用者とのコミュニケーション ………………………………… 46

第2章 場面別で見る！認知症・中重度の利用者の生活障害と生活機能訓練の工夫　51

①移乗

- 人の生理的な動作を知る …………………………………………………… 52
- 「動きやすい」と感じてもらえる介助を ………………………………… 55
- "視点"を合わせる ………………………………………………………… 59
- 移乗が思うようにできない利用者 ………………………………………… 61
- 立位が取れない中重度の利用者の移乗 …………………………………… 63

②歩行

- 悪循環を断ち切るかかわりを！ …………………………………………… 66
- 残存機能を発揮しやすい歩行介助とは？ ………………………………… 67

CONTENTS

  中重度の利用者へのミスマッチな訓練 …………………………………… 69
  足首の関節が固い利用者 ……………………………………………………… 71
  歩行時に話しかけると立ち止まる利用者 …………………………………… 72
  転倒を繰り返す原因に多い「すり足歩行」！ ……………………………… 74

③ 排泄
  排泄動作を一つひとつ確認しよう …………………………………………… 82
  排便のタイミングはいつがよい？ …………………………………………… 84
  「トイレに行きたい」というサイン …………………………………………… 85
  トイレ以外の場所で排泄する利用者 ………………………………………… 87
  排泄しやすい姿勢づくり ……………………………………………………… 89
  おむつをする？ しない？ …………………………………………………… 92

④ 食事
  食事が認識できない利用者の生活障害を把握する ………………………… 94
  その人の生活習慣や状態から食事を考えよう ……………………………… 96
  食事を楽しみながら機能訓練ができる環境設定を！ ……………………… 97
  食べやすい食事形態の工夫を ………………………………………………… 99
  食事時間は落ち着いた環境を整えよう ……………………………………… 100
  嚥下動作の問題点を確認しよう ……………………………………………… 102
  安易な食形態の変更にご用心！ ……………………………………………… 105
  お箸をあきらめないで！ ……………………………………………………… 107

⑤ 入浴
  入浴を嫌がるのはなぜ？ ……………………………………………………… 111
  シャワーや蛇口が使えない？ ………………………………………………… 113
  浴室で立位がとれない利用者 ………………………………………………… 115
  入浴動作を想定した機能訓練 ………………………………………………… 118
  入浴時には全身観察とストレッチを！ ……………………………………… 120

⑥ 整容・更衣着脱
  衣服にまつわる生活目線 ……………………………………………………… 122
  動作が始まるきっかけを知る ………………………………………………… 123
  着替えは実践的な柔軟体操です！ …………………………………………… 126
  自立への動機づけは身だしなみから ………………………………………… 130

⑦ 姿勢

- 「滑り座り」「左右に傾く」など座位が崩れる原因 ……………………… 133
- 円背の弊害と予防・改善 ……………………………………………… 136
- ポジショニングで寝る姿勢の改善を ……………………………………… 141
- 拘縮が発生しやすい部位とその原因 ……………………………………… 144
- 食事姿勢に気をつけた環境を ……………………………………………… 146

⑧ 住環境

- 居宅訪問で住環境の何を見るか？ ……………………………………… 149
- 玄関は「社会の窓」………………………………………………………… 151
- 身体機能に応じた住環境改善の工夫を ………………………………… 153
- 手すり替わりになる意外なもの ………………………………………… 156
- 認知症を進行させそうな住環境 ………………………………………… 158

⑨ レクリエーション

- 認知症の人のレクリエーションは難しい！ …………………………… 160
- 座る席は決めた方がいいの？ …………………………………………… 162
- 認知症のタイプから考えるレクリエーション ………………………… 163
- その人の生活歴から有効なレクリエーションを ……………………… 164
- 前かがみになれるレクリエーションを実施しよう！！ ……………… 165
- 外出レクの機会を生かして機能訓練！ ………………………………… 166

⑩ 役割・交流

- 役割づくりを考える時の3つの条件 …………………………………… 169
- 認知症の利用者への失敗しやすいプログラム ………………………… 170
- 認知症の人にも役割を！ ………………………………………………… 171
- 家事は立派な機能訓練 …………………………………………………… 173
- 家庭での役割を持ち実践的な脳トレを ………………………………… 174
- 機能訓練を家事動作に生かそう ………………………………………… 176
- 施設の中をお祭り気分に！ ……………………………………………… 179
- 世代間交流のススメ ……………………………………………………… 180
- 地域拠点としての交流場所づくりを …………………………………… 182

付録 座ってできる！ 寝ながらできる！
簡単体操 ………………………………………………………………… 186

CONTENTS

- 介護現場は「受け身」の場面が多すぎる!? ……… 12
- 看護師は介護現場で何をやるべき? ……… 15
- 認知症は病気なのか? ……… 19
- パーソンセンタードケアを実践しよう! ……… 26
- 高齢者の生活を守る3つの要素 ……… 33
- 安全最優先という名のもとの安易な"NG" ……… 38
- 「生活者」という視点を持って ……… 43
- 完全に自立した人間なんていない ……… 46
- 「待つ」介護をしよう ……… 60
- 地球人は忘れている!?「重力」のすごさ ……… 65
- 訓練の成果を日常動作に生かしましょう ……… 74
- ストレッチする時はリラックスできる環境を! ……… 81
- 認知症ケアにこそ大切な解剖学・生理学 ……… 86
- 安易に下剤を使わないで ……… 89
- 「ちょっと待って便秘」をつくらないで ……… 91
- 食べたい時に食べたいものを ……… 99
- 食事の改善で「フレイル」の悪循環を防ごう ……… 106
- 「食べること」を大切にしたかかわりをしていますか? ……… 109
- プロフェッショナルになろう! ……… 113
- 天ぷら式浴槽 ……… 114
- テルマエ・ロマエに学べ ……… 118
- 利用者の生活に寄り添ったリハビリを ……… 121
- 流れ作業は認知症の利用者にはご法度! ……… 125
- 介護上手は言い換え上手 ……… 132
- シーティングについて ……… 141
- 寝たきりで関節に卵焼きができ上がる!? ……… 145
- 幹と根が安定すると枝はのびのびとする ……… 148
- 「目標」につながる居宅訪問でのトーク例 ……… 151
- 送迎時の居宅内介助と住環境チェック ……… 157
- 「薬が効く」その裏に… ……… 165
- レクリエーションとして実施される認知症の人への非薬物療法 ……… 168
- 買い物難民を救え ……… 176
- 嗚呼,哀しき生き物「男性」 ……… 178
- きんさん・ぎんさんに学ぶ認知症ケア ……… 182
- ミーティングを大切に! ……… 184

第1章
認知症・中重度の利用者への生活機能訓練を進める上での留意点

[登場人物]

生活リハビリの達人

リハ達人
〈ケンジさん〉
理学療法士・介護支援専門員

フィリピンからきた介護職 1年目

マイラ

ベテラン看護師で機能訓練指導員になって 1年目

ジュンコ

【序】

私たちが支援する利用者に，認知症および中重度の人が増えています。そういった利用者が主体性を持ち，また，残存機能を生かして生活を継続していくために，まずは，私たちが日常のケアを通じて機能訓練を進めていく中で，前提となる知識や押さえておくべきポイントを確認していきましょう。

看護は「手当て」，介護は「手添え」

リハ達人：マイラさん，日本での介護の仕事にはもう慣れましたか？

マイラ：はい。でも，日本の介護の現場は何か特殊な気がします。フィリピンでもそうですが，外国では看護も介護もあまり区別がないように思うのですが，日本ではそのあたり，分けられているというか…。

ジュンコ：マイラの言いたいことは分かります。外国では，看護と介護はあまり区別されずに「ナーシングケア」などと呼ばれていますよね。

リハ達人：こんな言葉があります。「看護は"手当て"，介護は"手添え"」。

ジュンコ：看護は"手当て"，介護は"手添え"……？

リハ達人：例えば，もし歩いていて膝を何かに強くぶつけてしまったら，キミたちならどうしますか？

ジュンコ：「イタタ」となって，そこを手でさすると思います。

マイラ：オー，それは世界共通ですね！
フィリピンでは「アライ！」と言ってさすります。

リハ達人：痛みのある患部をさすって，手を当てる…"手当て"の語源はこの行為です。私は，これが看護の原型ではないかと思うのです。

ジュンコ：看護は「手当て」ですね。

リハ達人：一方の介護はどうでしょう？ 病気を患ったり，高齢で身体が動きにくくなったり，そういった方々とのかかわりです。これらは「手当て」とは少し違う感覚ではありませんか？

ジュンコ：確かに，介護職は利用者の悪くなった身体を「よしよし」とさすることはあまりしないですね。その身体で生きていくためにお手伝いすることがメインの仕事ですから。

本人のできる動作を知る。そしてゆっくり「待つ」のも介護の特徴

リハ達人：そうですね。立ち上がろうとするが，その力が足りない…そんな時に後ろから，そっと手を添えて立ち上がりを介助したり，ご飯を食べようとするが，口まで食べ物が届かない…そんな時に利用者の腕の下から手を添えて口まで運ぶのを手伝ったり…。看護の「手当て」に対して，介護は「手添え」と言われるゆえんです。その人が主体的に生きていくためのお手伝いをする…それが介護なのです。

上げ膳・据え膳で何でもお世話をしたり，無理やり相手を動かそうとしたりするのではなく，<u>本人に「できる動作」をやってもらって，本人の身体が自然と動く環境をつくり，足りない部分を支える</u>のが介護であり，自立支援なのだと思います。

マイラ：食事に介助が必要になったとしても，少しでも自分で食べることができるなら，楽しさは増えますものね。

リハ達人：本人の<u>「できる動作」を知るためには，本人の動作をしっかりと観察する</u>ことが大切です。「できる動作」を見つけるようにかかわっていけば，介護者の負担も軽減できますし，本人の機能の向上を促すことにもつながり，さらには生活が広がっていくことにもつながります。

ジュンコ：起き上がりが困難な利用者でも，自分で横向きになれる方はいらっしゃいますよね。

リハ達人：そうですね。そんな人の手を引っ張って<u>無理やり起こそうとする介助をしてはいけません</u>。起き上がる能力を引き出すどころか，本人はそうやって起こしてもらうことに依存するようになり，寝たきりを助長する結果になるかもしれません。

ジュンコ：利用者の生活が広がるようなお手伝いを心がけていきたいと思います。

マイラ：「看護は"手当て"，介護は"手添え"」…いい言葉ですね。

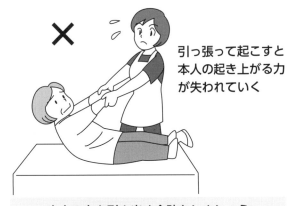

引っ張って起こすと本人の起き上がる力が失われていく

本人の力を引き出す介助をしましょう

- ☑ 本人の「できる動作」を見極め，本人の身体が自然と動く環境をつくり，足りない部分を支えるのが自立支援の介護です。
- ☑ 本人の「できる動作」を知るためには，本人の動作をしっかりと観察することが大切です。

達人のTweet　介護現場は「受け身」の場面が多すぎる！？

　介護現場は利用者を「受け身」にし過ぎだと私は思います。「その人は何ができるか？」「どこまでできるか？」を考え，それに見合った環境を用意する，そして足りない部分をお手伝いする，ということが基本です。

　さて，「受け身」の反対言葉は何でしょうか？　それは「自発」です。利用者が自発的にできることは，私たちも日常的に用意できます。例えば食事。「上げ膳・据え膳」という言葉がありますね。食事のお膳を給仕が運ぶことです。この言葉は「受け身」の最たるものです。

　短期記憶の落ちた人に，「お待たせしました」と言って，スタッフがお膳を運んで食べてもらい，食べ終わったらお膳を片付けていきます。その後聞いてみてください。「さっきの食事は何がおいしかったですか？」と。「えーと，何食べたかな？」そんな返事が返ってくることでしょう。

　しかし，自分でつくったり，自分で盛り付けたり，少しでもその食事を食べるまでの行程に自分が関与していたら，よく覚えておられることでしょう。「前にここで食べたナスの煮付けがおいしかった。つくり方を教えてよ」と。

　もちろん利用者にすべて自発的にやってもらおうというのは難しいことです。しかし，全部を「受け身」にしてしまうと利用者の思考が停止してしまうのではないでしょうか？　その人ができることを見つける。あるいはできる環境を整える，そんな視点を大切にしたいものです。

医療依存度の高い利用者が増えてきた！

ジュンコ：最近，うちのデイサービスの利用者に医療依存度が高い中重度の人が増えてきたように思うのですが…。

リハ達人：とりわけデイサービスの場合，以前まではどちらかというと，軽度の人の利

表1　施設やデイサービスで見られる医療依存度の高い利用者の例

- 痰の吸引が必要な人
- 経鼻経管栄養をしている人
- 胃ろうを造設している人
- 在宅酸素療法が必要な人
- 糖尿病の進行した人（人工透析）
- 起立性低血圧やショック時の対応が必要な人
- 尿道カテーテルを挿入している人
- 人工肛門（ストーマ）を造っている人
- 人工皮膚瘻を造っている人

など

用が多かったと思います。在宅で生活できる人が利用するサービスですから。しかし昨今，医療機関の在院日数短縮といった背景も影響してか，在宅サービスの利用者に医療依存度が高い人がどんどん増えていっているのが現状です（**表1**）。

表2　施設やデイサービスに求められる医療的なリスク管理体制

- 感染予防対策
- 事故・急変時の知識と対応
- 多職種・家族との情報共有

ジュンコ：以前までだったら，病院で治療し療養していた人が，どんどん退院させられ，在宅で生活することを余儀なくされているということですね。

リハ達人：一昔前だったら，身体にチューブを装着されている人が在宅で生活するようなことは珍しかったけど，今はそういった人にたくさん会いませんか？

マイラ：そう言えば，先日，おなかに穴が開いている人を見ました。びっくりしました。

ジュンコ：それ，**胃ろう**って言うのよ。食べ物を口から飲み込むことができなくなった人が栄養を取る方法として，病院で簡単な手術をしておなかと胃を直接つなぐ小さな穴を造っているのよ。

リハ達人：在宅ケアで，こういった医療依存度の高い利用者への対応がクローズアップされているのです。

ジュンコ：在宅酸素のボンベを持ち歩いている人や，糖尿病でインスリン注射を自分で打っている利用者もいます。

リハ達人：医療依存度の高い利用者が増えてくるとなると，介護スタッフも医療知識を勉強していかなければならないし，施設やデイサービスではリスクマネジメント体制を整備し，利用者や家族が安心して利用できるデイサービスを目指さないといけませんね（**表2**）。

ジュンコ：高齢者は骨が脆くなってきて骨折する人も多いですよね。

リハ達人：そうですね。高齢者の身体のどの部分の骨折が多いと思いますか？

ジュンコ：大腿骨でしょうか。

表3 骨折四天王

- 大腿骨頸部骨折：尻餅（特に側方への転倒）をついた時
- 橈骨遠位端：手をついて倒れた時
- 腰椎圧迫骨折：尻餅（特に後方）をついた時
- 上腕骨骨折：肘をついて転倒した時

表4 介護職に必要な医療知識

・高齢者の特性	・バイタルサインの測り方
・服薬管理・薬の副作用	・脳血管疾患関連ケア
・糖尿病の理解と低血糖の対応	・透析の理解とシャント管理
・緊急時対応（窒息・心肺停止時の対応）	・寝たきりの人のケア
・呼吸器疾患の理解とケア	・多職種チームでの連携　など

リハ達人：高齢者の骨折で多いものとして，**表3**の4つがよく挙げられます。よく起こる部位を知っておくと，どんな点に気をつけて生活するか，またどんな機能訓練が必要かが分かると思います。

マイラ：転倒予防のための機能訓練ですね。
介護スタッフには，ほかにどんな医療知識が必要になってきますか？

リハ達人：**表4**にまとめてみました。高齢者の生理的な特性はもちろんのこと，基本的なバイタルサインの測り方は知っておくべきでしょうね。また，複数の薬を飲んでいる人も多いから服薬管理や副作用の知識も必要だし，持病で高血圧の人や糖尿病などの慢性疾患を抱えている人もいるので，症状や疾患についての知識のほかに，窒息や心肺停止時など緊急時の対応についても勉強しておく必要があるでしょうね（**表4**）。

ジュンコ：マイラ，目が点になっているけど大丈夫？

マイラ：勉強が追いつくかしら…。が，がんばります。利用者の疾患や飲んでいる薬について気をつけることを教えてほしいです。

リハ達人：利用者の検査データや飲んでいる薬の情報から，看護師をはじめ医療職は介護スタッフに注意すべきポイントを伝えるのも大切な役割です。例えば，薬と転倒の関係や栄養状態のこと，血圧や糖尿病の検査データといった情報です（**表5**）。医療職が医療機関と連携をとり，「**橋渡し**」になって情報の詳細を確認することも大切です。

表5　介護職として知っておきたい医療情報の例

- ◎**薬と転倒の関係**：睡眠導入剤を飲んでいる人は転倒リスクが高くなります。また，睡眠導入剤にさらに他の薬が組み合わさる「多剤併用」があると，転倒の発生率が高くなるという報告があります。
- ◎**栄養状態**：体内のタンパク質の量を知ることは大切です。筋肉はタンパク質でできているからです。TP（総蛋白）やalb（アルブミン）の数値は体内のタンパク質の量を表しています。これらの数値が落ちているのに筋肉を増やそうなどと筋トレをしても無意味です。まずは体内の栄養状態を整えることが先決です。
- ◎**血圧**：血圧は高齢になると基準値より高くなることはある意味当たり前です。高齢になり柔軟性を失った血管に血液を送り，全身に巡らせようと体が血圧を高めているのです。この場合，無理に血圧を下げるとフラフラになり，転倒リスクが高まってしまいます。また，降圧剤の副作用によって脈拍が抑制されている人もいます。運動時，脈拍が目安にならない場合があることも周知が必要です。
- ◎**糖尿病の血液データ**：HbA1cは過去1カ月間の血糖コントロールの状態を表しています。糖尿病患者でCRE（クレアチニン）が上昇している場合は，糖尿病性腎症を合併するリスクを周知します。これらの数値データが悪化すると人工透析が必要になるケースもあります。

Point Check!

☑ 昨今，在宅サービスの利用者に医療依存度が高い人が増えていますので，介護職は医療知識の習得に努めると共に，医療職との連携を通じて医療情報の共有を図りましょう。

達人のTweet
看護師は介護現場で何をやるべき？

「看護師は介護現場で何をすればよいのでしょう？」そうした質問を受けることがあります。多職種連携の必要性が叫ばれていますが，はたと困っているのが医師や看護師，または今まで訓練室で訓練ばかりやってきたセラピストではないでしょうか？

それぞれの専門性を発揮しながら，チームでケアを進めることは大変難しいものです。しかし，看護師が医師と多職種の橋渡しになってもらえたらチームケアがグッと向上するはずです。

介護現場で理学療法士が何をすればよいのかと私も悩んできましたが，今は「自分の専門的知識や技術を利用者が主体的に生きていくためのお手伝いに使おう」と考えています。専門職は，自分の専門性が生かせない人を対象から外してしまう悪い癖があります。これは本末転倒で，「その人の生活に自分の専門性の

どの部分が役立つだろう？」と考えるべきなのです。生活場面での看護師の専門性の発揮しどころが見えてきませんか？

例えば，
- 医師と多職種とのコーディネート
- 家族への説明
- 継続的な健康管理にて再発の予防
- 栄養管理・服薬管理・口腔ケア
- 医療的知識を学ぶ介護職へのコーチング　など

こう考えると介護現場でも看護師は大忙し。出番がたくさんありますね。比較的最近のトピックは口腔ケアです。「病は気から」ではなく，「病は口から」と言われています。口は栄養の通り道でもあるので，口腔ケアをしっかりする施設は利用者が元気です。ぜひ看護師が中心になって実施してほしいところです。

認知症の利用者も増えてきた！

ジュンコ：認知症の利用者も最近，増えてきました！

リハ達人：そうですね。65歳以上の高齢者では，2012年の時点で認知症の人は全国に約462万人と推計されていて，**2025年には700万人を超える**と推計されています（**図1**）。介護スタッフは，医療知識のほかに，認知症に関する知識やかかわり方についてもしっかりと勉強しておく必要がありますね。

マイラ：認知症の利用者さん，私の言うことを全然聞いてくれません。「帰る，帰る」と言ってデイサービスから出ていこうとする人もいらっしゃいます。日本語をもっと上手にならなきゃと思ってるんです。

リハ達人：マイラさんの日本語は上手ですよ。あとはその人の「帰りたい」という気持ちに寄り添ったり，不安の原因は何なのかということを考えたりしていくことが

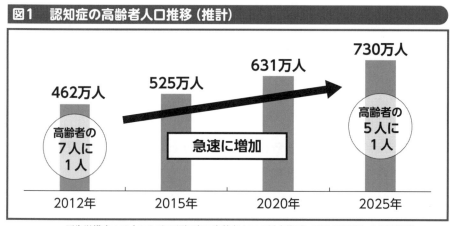

図1　認知症の高齢者人口推移（推計）

厚生労働省：日本における認知症の高齢者人口の将来推計に関する研究による速報値，2014.

表6 「加齢によるもの忘れ」と「認知症によるもの忘れ」の違い

	加齢によるもの忘れ	認知症によるもの忘れ
体験したこと	一部を忘れる 例）朝ごはんのメニュー	すべてを忘れている 例）朝ごはんを食べたこと自体
もの忘れの自覚	ある	ない
捜し物に対して	（自分で）努力して見つけようとする	誰かが盗ったなどと，他人のせいにすることがある
多大な日常生活への支障	ない	ある
症状の進行	極めて徐々にしか進行しない	進行する

　　大事なんじゃないでしょうか？　これからキミたちには，そういった認知症の利用者へのかかわり方についてもしっかり知ってもらおうと思います。

マイラ：たくさん教えてほしいです。

ジュンコ：認知症といってもいろいろな種類がありますよね。

リハ達人：代表的なものとしては，認知症の中で最も多い**アルツハイマー型認知症**，早期より身体機能の障害が伴うことが多い**脳血管性認知症**，筋肉のこわばりなどパーキンソン症状や幻覚などの症状を示す**レビー小体型認知症**，そのほか性格変化が現れやすく若年性の認知症のケースに多い**前頭側頭型認知症**などがあります。ただ，同じ診断名でも対応は一人ひとり違いますし，その人の心理的状態や病期の進行によってかかわり方を変える必要があります。

マイラ：認知症って，高齢者に多い「思い出したいことが思い出せない」といった状態とは違うのですか？

リハ達人：歳をとれば誰でも，思い出したいことがすぐに思い出せなかったり，新しいことを覚えるのが困難になったりしますが，認知症は，「加齢によるもの忘れ」とは違います。**体験したこと自体を忘れてしまったり，もの忘れの自覚がなかったりする場合は認知症の可能性があります**（**表6**）。

ジュンコ：新しいことが覚えられなかったり，過去のことが思い出せなかったりすることを「記憶障害」って言いますよね。

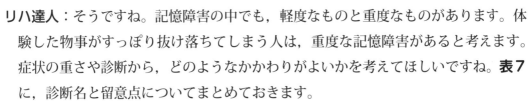

リハ達人：そうですね。記憶障害の中でも，軽度なものと重度なものがあります。体験した物事がすっぽり抜け落ちてしまう人は，重度な記憶障害があると考えます。症状の重さや診断から，どのようなかかわりがよいかを考えてほしいですね。**表7**に，診断名と留意点についてまとめておきます。

マイラ：アルツハイマー型認知症で「周囲と過同調する心理特性」っていうのはどんなことですか？

表7　認知症の種類と留意点

●アルツハイマー型認知症
- 注意障害→指示のテンポを本人に合わせる
- 本人の快か不快かの判断で協力が得られたり得られなかったりする→安心・楽しい雰囲気が大切
- 周囲の人と過同調する心理特性→ゆったり楽しい小グループで過ごす

●脳血管性認知症
- 思考の鈍麻，遂行機能障害→個別にゆっくりと本人のペースに合わせる
- 巧緻性の低下，遂行機能障害によりADLが緩慢→適した自助具や環境設定

●レビー小体型認知症
- 症状の変動が大きい→体の動きに合わせて日課を調整
- パーキンソニズム→本人のリズムで動作を開始できるように配慮する
- 日差・日内変動→リハビリテーションやADL活動は調子のよい時に実施
- 失神・転倒に注意
- 幻視→見間違えが生じない環境設定（照明・色使い）

●前頭側頭型認知症
- マイペースでゴーイングマイウェイ→個別対応
- 自分のやりたいことは一生懸命やるが興味のないことは参加しない
- 興味のある活動ができるように配慮

山上徹也：認知症のリハビリテーションのアウトカムとその評価尺度，山口晴保編：認知症のリハビリテーション―笑顔が生まれる実践的アプローチ，メディカルリハビリテーション　164，全日本病院出版会，2013.より筆者が一部改変

リハ達人：レクリエーションや体操などで周りの人と合わせて，自分の能力以上に頑張ってしまうことです。その時はよくても，後で身体的にも精神的にも疲労してしまうことがあるので気をつけてください。

マイラ：だからゆったりとした雰囲気の小グループでの対応が大切なんですね。

ジュンコ：レビー小体型認知症の**パーキンソニズム**とはどんな症状ですか？

リハ達人：パーキンソン病の診断はなくても，パーキンソン病と同じような症状が出ていることを「パーキンソニズム」と言います。「ニズム」というのは症候群という意味です。本人のタイミングで動作が始められるようにする，リズムを刻んで歩行の練習をするなど，パーキンソン病の人のケアで実施することを大切にするとよいです。

マイラ：**日差・日内変動**とは，どういうことですか？

リハ達人：**日差変動**は，昨日は調子がよかったのに今日は動きが悪いといったような，日によって大きく状態が変動することを言います。**日内変動**は，午前と午後で体の動きが変わってしまうなど，その日のうちの変動を指します。パーキンソン病，それに類似するパーキンソン症候群ではこれら日差変動・日内変動がよく見られるんです。

ジュンコ：だから「リハビリテーションやADL活動は調子のよい時に実施」とあるんですね。入浴の時間は体調のよい時間帯に設定した方がいいんですね。

リハ達人：そうですね。薬の効き具合で動きがよい場合もあるので，その時間に大好きなお風呂に入ってもらう，そんな人もいますよ。

Point Check!
☑ 在宅サービスを利用する認知症の利用者も増えてきました。認知症にも種類があり症状が異なるため，診断，症状を確認した上で利用者とかかわるようにしていきましょう。

達人のTweet 認知症は病気なのか？

　若年性アルツハイマー病などは，早い段階で脳の器質的病変が顕著に現れ，明らかに「病気」で治療を必要とする人もいます。しかし，認知症の全部が全部「病気です」と断定するのは乱暴な考えだと私は思います。明らかに生活状況や入院など，本人を取り巻く周りの環境変化が認知症を招いていると考えられることがあります。その場合，治すべきは本人の脳ではなく，周囲の環境です。

　私が「コンロ取り上げ事件」と呼んでいるケースがあります。高齢で独居のAさんの火の始末が危なくなってきたので，家族がAさんの部屋から調理用のコンロを取り上げたのです。「もう料理はしなくてもいいのよ」と言われて，食事を運んでもらう生活に変わったとたん，Aさんにもの忘れ，無気力といった症状が現れ，「ボケが始まった」と慌てた家族を見たことがあります。Aさんが日課や役割を失うという急激な環境変化が原因と考えられます。症状を進行させないためには調理を継続したり，デイサービスで家事動作を継続したりするなどのアドバイスが必要です。

　環境が人を認知症にする，生きがいを失った人が認知症になる…これは「病気」と言えるでしょうか？　現代医療は，認知症をその人の脳の病変に原因を求めますが，それは「個体還元論」といって，一面的な見方と言わざるを得ません。その人の周囲の環境に目を向けることを忘れていないでしょうか？

　高齢になってから引っ越しをすると，認知症になる人が増えるのはよく知られています。引っ越した人にだけ取り付く脳のウイルスでもあるのでしょうか？　そんなことはありませんね。この場合，脳の病変ではなく，取り巻く環境の変化に原因があることは明らかです。「認知症は病気です」という前に，まずそういった視点が必要ではないかと思います。

図2　認知症の症状

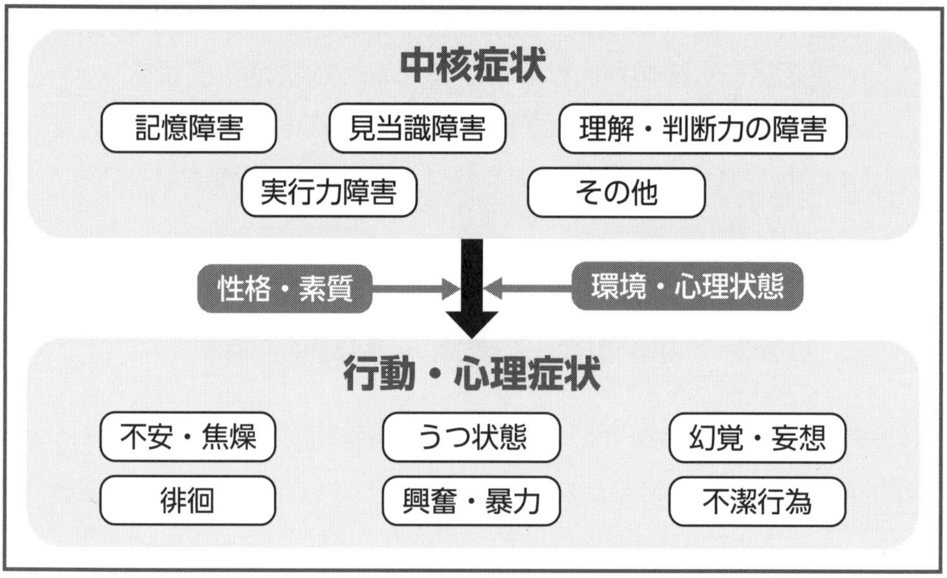

中核症状
- 記憶障害
- 見当識障害
- 理解・判断力の障害
- 実行力障害
- その他

性格・素質　→　←　環境・心理状態

行動・心理症状
- 不安・焦燥
- うつ状態
- 幻覚・妄想
- 徘徊
- 興奮・暴力
- 不潔行為

認知症の症状に伴う生活障害

リハ達人：「記憶障害」は認知症の中核症状と言われていて，そのほかに年月日や時間，現在いる場所が分からない，家族などを見分けられないなどの「見当識障害」，周囲の状況を見て行動することや，人の話を理解することが困難になるなどの「理解力・判断力の障害」，目的に応じた行動を手順よく行うことができない「実行機能障害」，予測できないような「感情表現の変化」などがあります。

　これらの中核症状に環境や人間関係などが影響を及ぼして不安感が増大したり，イライラした気持ちになったり，うつ状態が生じたりといったことが起こります（**図2**）。

ジュンコ：不安感，イライラなどは，認知症の行動・心理症状というものですよね。

リハ達人：認知症の行動・心理症状は「Behavioral and Psychological Symptoms of Dementia」の頭文字をとってBPSDとも言います。この状態が高まると徘徊する，暴力を振るうなど，家族や介護スタッフの目が離せない状況になることがあります。

マイラ：行動・心理症状が激しくなる人は介護が大変なんですね。

リハ達人：そこが認知症介護のポイントと言えます。認知症の利用者を受け入れる環境があれば行動・心理症状（BPSD）は出なかったり，次第におさまったりすることがあります。**私たちスタッフも，実はその環境として重要な存在であること**を知っていてほしいですね。

マイラ：認知症の人は生活のどんな場面で困るんでしょうか？

表8　認知症の症状に伴う生活障害の例

- 単純な会話や指示が理解できない
- 食事の作り方が分からない（何を作っていたか分からなくなる）
- トイレの場所が分からない（失禁してしまう）
- 一人で入浴ができない（入浴を嫌がる）
- 洗濯機など使用してきた電化製品の使い方が分からない
- 不適切な衣服を着てしまう（季節感が分からない）
- ゴミの日の曜日や時間が覚えられない
- 正しい時間，正しい用量・用法で薬が飲めない
- 一人で外出できない（外出したら家に戻れなくなる）
- 買い物に行くたびに同じものを買ってきてしまう
- 家電リモコンの操作の仕方が分からない
- 電話のかけ方が分からない
- お金の計算ができない　など

表9　認知症の3分類

竹内孝仁：介護基礎学，医歯薬出版，1998.を参考に筆者作成

◎**葛藤型**：老いた自分の現状にうまく適応できず，葛藤している。
　例：「自分はまだまだ若い」と思っている。「誰の世話にもなっていない」と思っている。すぐに怒る。
　　➡ゲームなど勝ち負けのつくものには誘わない。審判や表彰役などを引き受けていただく。

◎**回帰型**：老いた自分の現状が認められず，過去に回帰している。
　例：「子どもがご飯を待っているので帰りたい」と言う（自分が母親だった時代に戻っている）。
　　　「今日は会社に行く」と言って出社しようとする（若く元気だった現役時代に戻っている）。
　　➡回帰している状態に付き合う。得意な分野（料理・趣味活動・かつての仕事）で活動をしていただく。

◎**遊離型**：老いた自分のことはかえりみず，どこか現実から遊離している。
　例：ブツブツと独り言。会話がかみ合わず，現実と本人を隔てる膜があるかのよう。
　　➡レクリエーションや行事にお誘いし，少しずつ他者とのふれあい，共感を増やす。閉じこもりの人が多いため，他者と交流する環境に慣れていただく。

リハ達人：そうですね。記憶障害や見当識障害，理解力や判断力，実行機能の障害に伴って認知症の人はさまざまな生活障害が生じます。認知症の症状に伴う生活障害例を**表8**に挙げました。私たちは，介護の専門職として，認知症の利用者の生活にかかわる障害をしっかりととらえてアセスメントしていく必要があるのです。その上で，認知症の人が望む生活の実現に向けて適切な介護を実践していかなければなりません。

ジュンコ：認知症の症状はあっても，診断がはっきりついていない利用者もいます。

リハ達人：認知症だとはっきり診断されてない場合は，竹内孝仁氏が分類している**表9**の3タイプに分類し，かかわり方を考えてみるとよいでしょう。

また，診断はあっても心的状態はいろいろですので，診断を踏まえた上で，**表9**のどの状態に近いかを考えてみるのもお勧めです。どんなふうにかかわって，どんな役割を持ってもらおうかとか，どんな目標が考えられるかといった課題を多職種で共有することができます。

> **Point Check!**
> ☑ 認知症の人はその症状により，さまざまな生活障害が生じます。そういった部分をしっかりアセスメントしてサポートすることが私たちの仕事です。
> ☑ 認知症のはっきりとした診断がついていない場合は，竹内孝仁氏が提唱する「認知症の3分類」によるタイプでかかわり方を考えるとヒントが出てくるでしょう。

利用者の生活リズムを調整しよう

マイラ：認知症の利用者で，夜になかなか寝てくれない人がいます。認知症の人は睡眠障害になりやすいのでしょうか？

リハ達人：認知機能が侵されると「見当識障害」も関係し，生活リズムが乱れてしまう人が多いですね。その結果，昼夜逆転して睡眠障害が起こりやすくなります。

ジュンコ：医師に相談すると，睡眠薬が出たりしますが…。

リハ達人：認知症の人には，**安易に睡眠導入剤を使用しないように注意したいところです**。薬を飲む前に，しっかりと活動してもらって，夜眠くなる…そんな生活リズムをつくりたいですね。

日中は日光に当たりながらしっかりと活動してもらって，夜眠くなる…そんな生活リズムを！

ジュンコ：昼間にどのように過ごしてもらうかを考えていくということですね。

リハ達人：「日中は起きましょう」といって，いすやソファに座らせているだけの状態を見かけることがありますが，**ただ座らせているだけではなく，お出かけレクをしたり，集まって体操をしたり。しっかりお風呂に入って，食事をして，心地よい疲労が訪れる，そんな生活づくりを心がけましょう**。

マイラ：いすやソファに座ったまま居眠りしている人もいらっしゃいます。

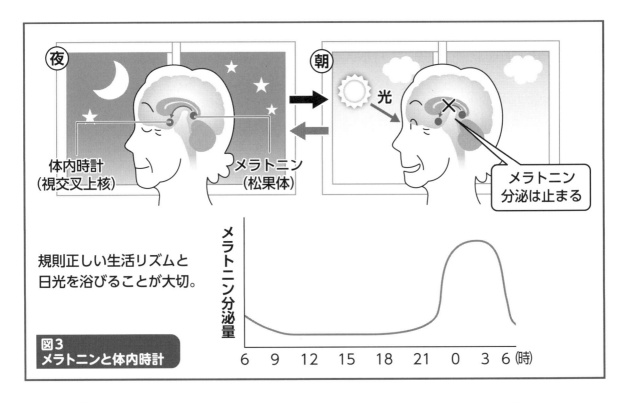

図3 メラトニンと体内時計

リハ達人：それではなかなか生活リズムは整いませんね。それに，いすに座ったまま居眠りをすると必要以上に疲労したり，姿勢がゆがんだりするので，よくありませんね。

ジュンコ：日光に当たってもらうことも大切ですよね。

リハ達人：そうですね。睡眠のリズムは脳から分泌される**メラトニン**という睡眠ホルモンと体内時計で調整されます。メラトニンが出ると眠くなるわけです。日光を浴びることでメラトニンの分泌が止まり，14〜16時間後に再びメラトニンが分泌して，夜しっかり寝ることができます（**図3**）。

ジュンコ：ただ「起こす」だけではなくて，そういった生理的なメカニズムを活用することも大切ですね。

リハ達人：室内で機能訓練をする際も，できるだけ明るい場所で行うようにしてみてください。歩行練習や体操は屋外など日の当たる場所で行うとよいでしょうね。

☑ 睡眠障害に対して安易に睡眠薬を使うなど，いかに寝かせるかを考えてしまいがち。昼間は活動的に過ごし，夜眠くなる，そんな生活リズムをつくることの方が大切です。

認知症の利用者には「快」の感覚を！

ジュンコ：認知症の行動・心理症状（BPSD）の多くは生活環境，周囲の人間関係により治まったり，悪化したりするケースがあるんですね。

リハ達人：認知症の利用者の生活状況を把握すると共に，その人の思いを把握していくことが大切です。

マイラ：でも，認知症の利用者の場合，その人の思いを聞くことが難しいんです。

リハ達人：確かにそうですね。その場合，**本人の人生を知り，どんな暮らしをしてきたのか，何を大切にしてきたのか，ということを考えていきます。** 家族や多職種との情報共有から少しずつ見えてくる，本人の思いに近いと思われるものを具体化していくわけです。

若年性アルツハイマー病のように脳の明らかな病変があり，進行性の疾患であれば医療機関で受診し，薬物療法も必要です。しかし，高齢者の認知症状は薬物で抑えることを考える前に，どのようにかかわれるかが鍵だと思います。他者のかかわり，周囲の環境で症状の進行が大きく変わることが報告されています。

ジュンコ：認知症の利用者へのかかわり方のコツを教えてください。

●その人のことを知る

リハ達人：私たちはケアしようとしている認知症の利用者のこと，どこまで知っているでしょうか？　ともすれば「いうことを聞いてくれない」とか「暴力を振るわれた」などと，行動にクローズアップしがちですが，その人の何を知っているか，その人の人生について興味を持って知ろうとしているか，ということを考えてほしいのです（表10）。

ジュンコ：確かに，自分自身が介護を受ける立場になって考えた時，介護スタッフが自分のことに興味を持ってかかわってくれているか，そうでないかの差はきっと大きいと思います。「嫌がっているこの人を，うまく言いくるめて風呂に入れてやろう」なんて近づいてくる人より，自分のことに興味を持って話しかけてくれ，「どんなお風呂に入りたいんだろう」と考えてくれる人に心を開くと思います。

リハ達人：そうですね。その人を知ることから始めるべきなんですよね。現場では忙

表10　目の前の利用者の人生を知っていますか？
・生まれ故郷　　・家族構成　何人家族　何人兄弟など　　・家業 ・両親の人柄　　・家族の思い出　　・子ども時代の遊び　　・仕事 ・結婚未婚…子どもや孫のこと　　・趣味…特技　　・人生で何を大切にしてきたか

しさに駆られて，できているようで，あまりできてないのが現状ですね。

マイラ：私うまくいったことがあるの！　日本のことを勉強しているので，その人の故郷のことを地図で教えてもらったら，すごくいい笑顔になられた利用者がいたのを思い出したわ。

● 「快の感覚」を感じてもらう

リハ達人：認知症の利用者で意思の疎通が難しい人でも，快・不快の感覚は必ず感じておられます。キミたちにとって**快の感覚**を感じるのはどんな時ですか？

ジュンコ：おいしいもの食べた時！　イケメンを見つけた時！

マイラ：うまく日本語が通じた時！　仕事で「ありがとう」って言われた時！

リハ達人：そういった「快の感覚」は結構印象に残るものなんです。認知症の利用者は生活の中で，「快の感覚」をどれほど感じているでしょうか？

ジュンコ：思いが相手になかなか伝わらなくて，「快の感覚」はあんまり感じてないんじゃないかしら？

マイラ：どうやったら感じてもらえるのかしら？

リハ達人：今，キミたちが言ったことにヒントがありますよ。ジュンコさんの「おいしいものを食べた時」「イケメンを見つけた時」っていうのは**本能的な快楽**ですね。マイラさんの「『ありがとう』って言われた時」っていうのは**承認の欲求**が満たされた時ですね。認知症の利用者にも「快の感覚」を感じてもらえる環境づくりをしていくことが，最優先事項なのです（**表11**）。

マイラ：認知症があって言葉だけではコミュニケーションできない場合，こういった感覚もコミュニケーションに使っていくんですね。

リハ達人：そうです。私は介護の格言で**「快より始めよ」**って言っています。

ジュンコ：「快より始めよ」…ですか？

リハ達人：大事業をする時も，まず身近なことから始めよ。また，物事は言い出した者から始めよ，という意味の「隗より始めよ」って中国から伝わる言葉があるんだけど，それをもじって，「認知症ケアは『快より始めよ』」としたわけです。

マイラ：先生の寒いダジャレ，覚えておきます。

リハ達人：オイオイ，寒いって言うな！

表11　人が「快」を感じる瞬間	
本能的欲求の充足	食欲，性欲，睡眠欲
承認の欲求の充足	ほめられる，頼りにされる，居場所・役割がある
双方向コミュニケーション	共通理解がある，共感がある

●「共同決定」で本人のしたいことを決める

ジュンコ：よくケアでは「自己決定が大事！」と言われますが，認知症の利用者の場合は，自己決定ができない人が多いと思うんです。
その場合は，どうしたらいいんですか？

リハ達人：そうだね。確かに認知症の人の場合は，本人の意思確認ができないこともままありますよね。そんな場合，「自己決定」ではなく「**共同決定**」をしていきましょう。

マイラ：共同決定？

リハ達人：本人のことをよく知る家族と専門職が話し合って「共同決定」をしていくんです。

ジュンコ：なるほど，その人に近いみんなで共同で決めるんですね。でも，その決定が間違っていたな，と感じたらどうしたらいいんですか？

リハ達人：それは当然あり得ることです。間違いを認めずに押し通すのではなく，間違ったなと思ったら，再度家族や専門職で集まって，共同決定し直すというプロセスを繰り返していきます。認知症の利用者にはそういった柔軟な対応が最も重要なことなのです。

Point Check!
☑ 認知症の人の生活を支える上で大切なことは，
「その人をよく知る」「『快』の感覚を感じてもらう」
「共同決定で本人のしたいことを決めていく」ということです。

達人のTweet パーソンセンタードケアを実践しよう！

　認知症ケアにおいては，「パーソンセンタードケア（person centered care）」という考え方がクローズアップされています。「パーソンセンタードケア」は，認知症の方を一人の"人"として尊重し，その人の視点や立場に立って，その人を理解してケアを行おうとする認知症ケアの方法論です。

　問題点を見つけて治療するというモデルではなく，「その人らしさとは何か？」「その人の望む生活とはどんなものか？」をチームで考えてケアしていくのです。そのためには，目の前にいる認知症の人の過去から現在までの人生を知っておく必要があります。

そして，目の前にいる認知症の人が「その人らしく」生きていくことが難しい状況であれば，「何がそれを阻害しているのか」を考えます。今までできた家事ができない，記憶障害で行事に参加できないなど，原因はさまざまです。そして，その阻害要因にどう対処するか，家族・多職種で話し合いを持つのです。前述した「共同決定」はその中から生まれてくるでしょう。

認知症・中重度の利用者の生活機能を見る視点

リハ達人：在宅や施設に入所している利用者の中には，寝たきりの重度の人もいます。寝たきりによって動かないでいると，症状はますます悪化してしまいます（**表12**）。

ジュンコ：さっき，「本人にできる動作をやってもらって，足りない部分を支えるのが自立支援の介護だ」という話がありましたけど，中重度や認知症の利用者でも，自分でできることを引き出すコツってあるんですか？

リハ達人：私たちケアの専門職として，**利用者の生活機能を見る上で大切にしたい３つの視点があります。それは「身体機能的要因」「環境的要因」「精神・心理的要因」**です。この３つの視点を意識することで，中重度の利用者からでも具体的な生活行為を引き出すことができるケースがたくさんあるんです。

マイラ：私には難しそうだわ。もう少し分かりやすく説明してください！

リハ達人：マイラさんにも分かるように説明しますね。

例えば，キミたちのデイサービスに初対面の利用者が来たと考えてみてください。その利用者は男性で，車いすに乗ってこられました。担当のケアマネジャーから伝えられたのは以下の情報。

Aさん，80歳，男性，体格は小柄。円背あり。１年前に脳梗塞発症。右半身麻痺と失語症。杖歩行が不安定なため車いすを使用。座ってばかりで姿勢が崩れやすい。
食事は自立。食べ物の好き嫌いが多く，失語症で意思疎通が困難。
妻は「主人がぼけた」などときつい言葉を言うこともある。夫婦お互いにストレスを感じている。
トイレ・入浴は妻の介助にて可能。

表12　寝たきりによるリスク

- 筋力低下
- バランス能力低下
- 拘縮の発生
- 床ずれの発生
- 排便の不良
- 表情が失われる
- 起立性低血圧
- 食事のむせ　誤嚥のリスク
- 肺活量の低下

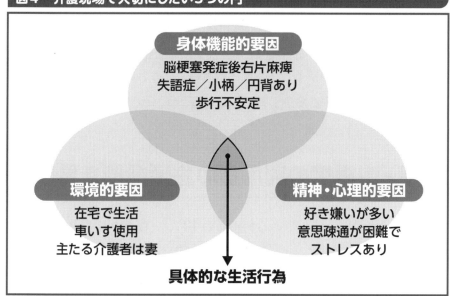

図4　介護現場で大切にしたい3つの円

身体機能的要因
脳梗塞発症後右片麻痺
失語症／小柄／円背あり
歩行不安定

環境的要因
在宅で生活
車いす使用
主たる介護者は妻

精神・心理的要因
好き嫌いが多い
意思疎通が困難で
ストレスあり

具体的な生活行為

　これらを，それぞれの視点から3つの円で整理すると**図4**のようになります。

マイラ：それぞれの情報を3つの要因に分類すると分かりやすいですね。

リハ達人：もし，このAさんがデイサービスで食事を食べてもらうということになったら，どんなことを考えますか？

ジュンコ：そうですね…右半身が麻痺なら，利き手が麻痺していると考えられますね。だから，左手で箸を使うのは難しいかも。

マイラ：スプーンで食べやすいものがいいと思います。私なら，カレーライスを用意するわ！

リハ達人：いいところに気がつきましたね！　そうやって利用者が自立しやすいように環境を整えるアプローチをしていくことが大切です。

ジュンコ：私たちの仕事は，利用者の「身体機能的要因」を見て，それに合った環境を整えるところから始まるんですね。

マイラ：コツが分かりました！

リハ達人：でも，もしAさんはいつも朝が遅くて，昼食のころにはおなかが空いていなかったとしたら，どうする？

マイラ：じゃあ，おなかが減るように，私の得意な体操に参加してもらいます！

リハ達人：いいですね。今度は「精神・心理的要因」である「食べたくない」という状況にアプローチして，「食べる」という生活行為に近づこうとしているわけです。

ジュンコ：マイラの体操は盛り上がるから，
　Aさんもこれでしっかり食べてもらえそうね。

リハ達人：ところが，もしAさんはカレーライスが嫌いだったとしたら？

表13　オープンクエスチョンとクローズドクエスチョン

Ⓐオープンクエスチョン

①今日は何を食べたいですか？
②歩けるようになったらどうしたいですか？

①天ぷらが食べたいです。
②妻と旅行に行きたいです。

Ⓑクローズドクエスチョン

①洋食は好きですか？
②歩けるようになりたいですか？

①いいえ（好きではありません）
②はい（歩けるようになりたいです）

クローズドクエスチョンは「イエス・ノー」で答えやすいので，失語症の人にも適している

マイラ：え～，意地悪！　そんなの先に言ってくれたらいいじゃないですか！

リハ達人：ごめん，ごめん！　Aさんの身体機能的要因にある「失語症」にも配慮してほしい。言葉が出ないので，「嫌いだ」と言えなかったんです。

ジュンコ：私ならAさんの好きなものを聞くわ！

マイラ：でもジュンコさん，Aさんは話せないのよ！

ジュンコ：**失語症があっても「イエス・ノー」は意外とはっきり示せるのよ。**

リハ達人：そのとおり。失語症の人は，話せないけど，状況理解はしっかりできている人が多いです。「主人がぼけた」なんてAさんの奥さんは言っているけれど，質問の仕方を工夫することでいろいろなことに答えてくれるかもしれない。

マイラ：じゃ，私はこう聞きます。「Aさん，何が好きなんですか？」

リハ達人：それだとAさんは答えにくいかもしれないね。なぜなら，質問が「イエス・ノー」で答えられないから。失語症の人の場合は，語の想起が難しいから「何が好き？」と聞かれると答えるのが難しいんだ。そういう質問の仕方を「オープンクエスチョン」と言います（**表13－Ⓐ**）。

ジュンコ：私なら「Aさん，和食が好きですか？　洋食が好きですか？　洋食？　違う？　じゃ，和食ね！」というふうに本人が「イエス・ノー」で選べるように尋ねます。

リハ達人：今，ジュンコさんが行った質問の仕方が「クローズドクエスチョン」という質問の仕方です（**表13－Ⓑ**）。

マイラ：なるほど。聞き方にも工夫できるんですね。あっ！　家族から好物は何か直接聞いてもいいかもしれないですね！

リハ達人：いいところに気がつきましたね。家族からの情報もとても重要です。では，家族が「この人，天ぷらが大好きなのよ」と教えてくれたとしたら，どうしますか？

マイラ：私なら天ぷらをサービスしちゃうわ！　エビ天，ほかの人より1本多くつけちゃおうかしら!!

ジュンコ：ダメよ，そんなことしちゃ！

マイラ：だって週1回の昼食ぐらい，おいしく食べさせてあげたいわ！これでOKですよね？

リハ達人：せっかくの工夫だけど，それでもAさんは昼食を食べられなかった…なぜでしょう？

マイラ：う〜ん…分かりません！

リハ達人：Aさんにはテーブルが高すぎた！

ジュンコ：え，テーブルが高い？　テーブルの高さって影響するのですか？

リハ達人：高齢者には特に体格に合わせた環境設定が大切になります。Aさんの場合，身体機能的要因のところに「小柄，円背あり」となっていますね。

マイラ：テーブルが高いのなら，テーブルの足を切っちゃえばいいのよ。私，おじいちゃんに習って，のこぎりで木を切るのが得意なの！　テーブルの足を切ることなんてお茶の子さいさいよ！

ジュンコ：待って，マイラ。施設長に許可とらないと！　うちの施設のテーブルは施設長お気に入りのヨーロッパ高級家具ばかりなのよ！

リハ達人：ハハハ，高級家具を大切にするのか，利用者の生活動作を大切にするのか，ぜひ施設長のご意見を伺いたいものですね。だいたい，施設にあるテーブルはどこも高くて，小柄な高齢者がいすに座るとテーブルの上に生首が並んでいるように見えてしまうことがあります。

マイラ：なまくび？？　何のことですか？

ジュンコ：死体の頭のことよ。

マイラ：キャー！！

リハ達人：それは冗談として，このAさんに適したテーブルの高さはどれくらいだと思いますか？

ジュンコ：テーブルの高さなんて，あんまり気にしたことはないけれど，どれくらいの高さがいいんだろう？

リハ達人：一般家庭で使われている**既製品のテーブルの高さは70cm**なんです。それだと，小柄な人たちが座ると高くて食事動作がしにくいんです。高齢者施設なら**65cm**ぐらいが適切かと思います。小柄で円背がある人だったら**60cm**ぐらいでもいい。もちろん個人差はありますけどね。

マイラ：確かに麺類を食べる時，ちょっとテーブルが低い方が食べやすいです。フィリピンにも「マミ」っていう麺料理があります。

リハ達人：そうそう。ラーメンがすすれる高さがいいってことです！ キミたちのおかげでAさんはめでたく食べることができました！
ジュンコ：ふぅ〜，食事をするという生活行為をしてもらうだけでも，こんなにいろいろなことを考えなければいけないんですね。
リハ達人：そうですね。食べない人を見つけて，「食欲不振」なんて記録に書いているだけじゃ，「食べる」という具体的な生活行為に近づくことができないんです。今，キミたちは，**図4**（P.28）にある3つの視点を行きつ戻りつしながら，Aさんが「天ぷらを食べる」という「具体的な生活行為」にたどり着くことができたのです。つまり，利用者の「具体的な生活行為」は3つの条件がすべてそろった真ん中の小さなゾーンからしか生まれないということです。

　中重度の利用者，認知症の利用者への生活機能訓練については，基本的にこのような考え方をもとにアプローチの仕方を考えていきます。いくら「食事動作の訓練だ」といっても，テーブルの高さが合ってないとか，苦手な食べ物だったら何にもなりませんね。もしこれから困ったケースに遭遇したら，この3つの視点を思い返して，どこが原因なのか，自分たちのケアによって利用者を支えるところはどの要因かを考えるとよいでしょう。

- ☑ 中重度や認知症の利用者の生活機能訓練を進める際は，「身体機能的要因」「環境的要因」「精神・心理的要因」の3つの視点から情報を整理しましょう。
- ☑ コミュニケーション能力が低下している人にはオープンクエスチョンで質問するよりも，クローズドクエスチョンで質問する方が有効です。
- ☑ 利用者の身体機能に応じた環境を整えなければ生活機能訓練の効果が得られません。

「できること」「できないこと」を見極める

リハ達人：中重度の利用者にしろ，認知症の利用者にしろ，かかわる際に大切なことは，その人の「できること」「できないこと」を見極めるということです。「できないこと」をしてもらおうとすることは，介護者にとっても，利用者にとってもストレスがたまってしまいます。利用者の在宅での生活を見て，まず「できること」は何かを知る

図5 デイサービスでの機能訓練が在宅でのできるADLにつながることが理想

ことが大切です。施設やデイサービスの中で，個々の利用者の在宅とよく似た環境をつくって体を動かすことができないか考えてみましょう。

ジュンコ：例えば，Bさんの場合は，歩行が不安定なため，家ではポータブルトイレで排泄を行っています。でも本当は，「家のトイレで排泄を行いたい」といつも言っています。

マイラ：え，ポータブルトイレじゃダメなの？

ジュンコ：Bさん，本当は自分の足でトイレに行きたいのよ。奥さんが後始末しているのを見て申し訳ない気持ちになっておられるのよ。

リハ達人：ジュンコさんはBさんの生活の希望をしっかり把握できているようですね。デイサービスでは，どのような目標を掲げているのですか？

ジュンコ：そこが悩みどころなんです。

リハ達人：機能訓練の目標を設定する際には，「できるADL→しているADL→するADL」という手順で考えるとよいですよ。例えば，Bさんの機能を最大限発揮できたら，トイレまで歩行して排泄ができる（できるADL）。しかし，今は歩行が不安定なためポータブルトイレで排泄している（しているADL）。となると，デイサービスでは居宅のトイレに似た環境で，トイレでの排泄を練習する（するADL）。そして，機能訓練目標を「トイレでの排泄」とする（図5）。

この場合「するADL」が「しているADL」と「できるADL」の懸け橋になることが望ましいですね。

マイラ：なるほど，今していることを続けるんじゃなくて，これからしたいことに近づけていけるようにかかわることが大切なんですね。

リハ達人：実際に利用者が住んでいる家の中を見て，トイレまでどれくらいの歩行が必要か？ どんな動作が必要か？ といったことを把握していきます。そして，機能訓練のメニューに落とし込んでいくのです。

ジュンコ：具体的にはどのようなメニューで訓練していけばよいでしょうか？

リハ達人：例えば，家のトイレで排泄が可能になるためには，歩行距離が5メートル，段差が1段，ドアの開け閉め動作，排泄動作が必要という前提があるならば，次のようなメニューを立案するとよいでしょう。

#歩行訓練　5m×3セット　　　#段差昇降　高さ15cm
#バランス訓練（ドアの開け閉めなどはバランス能力が必要）
#ADL動作（トイレ動作を中心に）

Point Check！
☑ 中重度や認知症の利用者の在宅での生活を見て，「できること」を知ることが大切です。
☑ 機能訓練メニューは家で行いたいADL動作につながるように立案していきましょう。

達人のTweet
高齢者の生活を守る3つの要素

　例えば，利用者の排泄コントロールが不良な時，介護現場では，すぐに下剤，浣腸，摘便などの医療的ケアが始まります。しかし，私たちが最初に使うべきなのは薬（＝メデシン〈medicine〉）ではなく，目と手と心の「目手心（めでしん）」です。介護職の目と手と心を駆使することで，利用者の生理的環境を整えていくことができます。介護現場で利用者の動きを見ながら，環境を整えたり，動きやすいように介助したり，精神的に支えたり…。介護職が利用者の生活を守るために大切にしたいこととして，私は「目と手と心」という3つの視点を大切にして実践することをお勧めしています（図6）。

　目と手と心は私たちの仕事に欠かせない3つの要素です。

図6　高齢者の生活を守る3つの要素

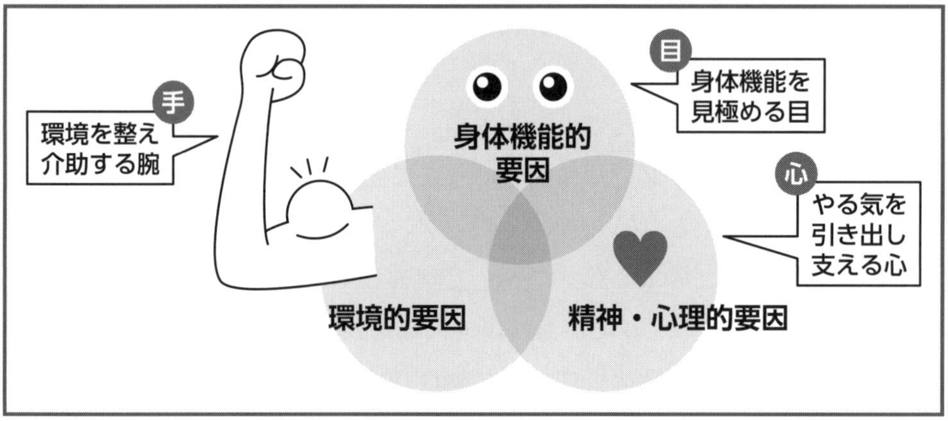

- 手：環境を整え介助する腕
- 目：身体機能を見極める目
- 心：やる気を引き出し支える心

身体機能的要因／環境的要因／精神・心理的要因

大田仁史, 三好春樹監修・編著, 東田勉編集協力：新しい介護 全面改訂版, P.40, 講談社, 2014.

本人の意思を大切にした目標づくり

リハ達人：認知症や中重度の利用者であっても，機能訓練プログラムを考える際は，目標を明確にして実施する必要があります。

ジュンコ：本人の思いを聞くことから始めるということですね。

リハ達人：認知症や中重度の利用者の場合，具体的な思いを引き出すのが難しく，本人の答えは抽象的になることが多いのですが，あせらず，少しずつ具体化していきましょう。そして，本人，家族，多職種で連携して目標を決めていきます。具体化された目標を実現するために，どのようなスケジュールで行うか，どこで行うか，どんな福祉用具を使うかなどについて検討していきます。

マイラ：目標があるとやる気も出てきますよね。

ジュンコ：目標の設定については「長期目標」「短期目標」で考えていけばよいですか？

●「身体の目標」と「生活の目標」

リハ達人：長期目標，短期目標という目標設定もありますが，期間内に到達できそうにない目標が出たり，目標そのものが抽象的になってしまったりすることが多いように思います。本人や家族がイメージしやすく，より具体的な目標にする方法として，「**身体の目標**」「**生活の目標**」という目標設定の仕方をお勧めします（**表14**）。

マイラ：「身体のことで困っていることはありませんか？」と聞くのですか？

リハ達人：そう。「右膝が痛いので，これを何とかして，もうちょっとしっかり歩けるようになりたい」という話をされたら，「身体の目標」は「膝の痛みの軽減，下肢の筋力をアップし歩行を安定させる」となり，短期的な目標としやすいです。

ジュンコ：「生活の目標」というのは？

マイラ：じゃあ，「膝がよくなって，もっと歩けるようになったら，どうしたいですか？」

リハ達人：いいですね。「ずっと墓参りに行けず気になっていた」あるいは「妻と旅

表14 「身体の目標」と「生活の目標」

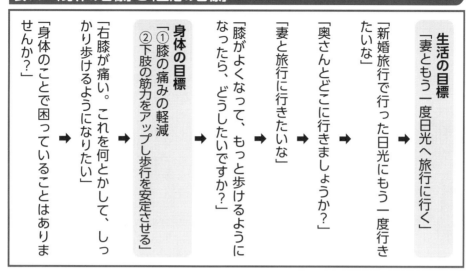

　行に行きたいな」などと話してくれたとしましょう。

ジュンコ：さらに突っこんで「奥さんとどこに行きましょうか？」と聴いてみます。

リハ達人：「新婚旅行で行った日光にもう一度行きたいな」など雑談の中なら，本人のいろいろな「したいこと」を語ってもらいます。この場合，「もう一度墓参りに行く」「妻と旅行に行く」などを「生活の目標」として，長期的に実現していく目標に掲げるといいでしょう。

マイラ：利用者のＣさんは「車の運転がしたい」って言っていました。

ジュンコ：車の運転は，危ないからダメですよね。

リハ達人：確かに車の運転をするかどうかは，とても慎重に考えるべきです。事故が起これば，加害者にも被害者にもなってしまいますからね。でも，頭ごなしに「ダメ」じゃなくて，これも「共同決定」が必要かもしれません。

●代案で「共同決定」

マイラ：「運転なんて危ない！　ダメダメ！」と言ってしまったら，Ｃさんの希望の芽を摘んでしまわないかしら。シュンとなってしまって，意欲が低下しちゃうんじゃないかしら。

リハ達人：本人の意欲を高めるためには，代案をたくさん出せることが介護現場で働く専門職の腕の見せ所！！

ジュンコ：運転の前に，身体機能を把握しておくことがまずは大切ですよね？

リハ達人：基礎体力の評価ですぐに実施できて数値化しやすいのは，次の５種目です。

　①握力…全身の筋力を反映　　②歩行能力…TUG
　③俊敏性…棒つかみテスト　　④柔軟性…座位での前屈　　⑤バランス…FRT

　これをレーダーチャートにして一定期間ごとに評価すると，よい指標になりますよ（**資料１**）。

資料1　基礎体力の評価

①握力
握力計を握り左右を測定する

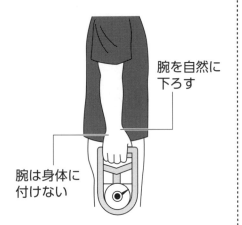

腕を自然に下ろす
腕は身体に付けない

②TUG（Timed Up and Go）
いすから立ち上がり3m先のコーンを周り，再度いすに座るまでの時間を測定する

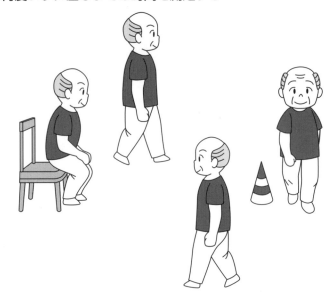

④柔軟性（座位での前屈）
下肢を伸ばし前屈させ，手指がつま先から何cm出せるかを測定する。座位で行えば車いす使用者も検査が可能

いすに座り片方の足を伸ばす（伸びやすい方の足でよい）。できるだけ膝を曲げないようにしながら前屈し，つま先に向かって手を伸ばし，つま先までの距離を測定する。

- つま先まで届かない人
  ⇨マイナス何cmと記載
- つま先を越える人
  ⇨プラス何cmと記載

⑤バランス
立位で前屈し腕を前方に伸ばす。腕が前方に伸ばせた距離を測定する（ファンクショナルリーチ〈FRT〉）

- 開始姿勢が大切。体幹が回旋したり，屈曲したりしないように
- 上肢の高さを一定に
- かかとを挙上するのは可
- 戻せる範囲を測る

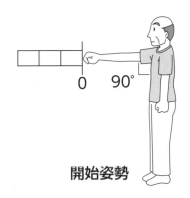
開始姿勢

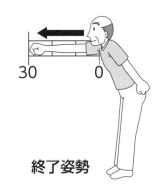
終了姿勢

③俊敏性（棒つかみテスト）

目盛の付いた棒を落下させ，被験者の棒を握る反応時間を見る

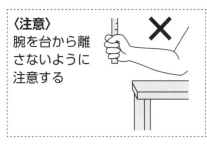
〈注意〉
腕を台から離さないように注意する

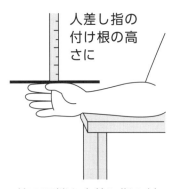

人差し指の付け根の高さに

棒の下端を人差し指の付け根の高さに合わせる

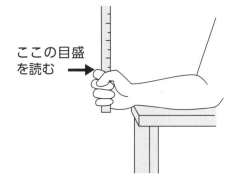

ここの目盛を読む

つかんだ時の人差し指・親指の上の位置の目盛を読む

5段階の指標

テスト結果を5点満点に評価し，レーダーチャートにして定期的に評価する。指標は高齢者のデータから要介護者用に筆者がアレンジ。

リハビリ道場　稽古帖

氏名　道場ケイ子　平成二十七年　七月十三日

生活の目標	身体の目標
旅行がしたい。もう一度墓参りにも行きたい。	体力をつける。膝の痛みを治す。そして長い距離の移動が疲れずにできる。

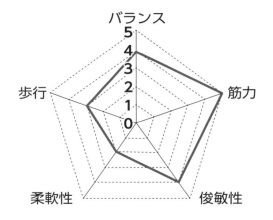

バランス（ファンクショナルリーチ）
1. 〜10cm
2. 11〜15cm
3. 16〜20cm
4. 21〜30cm
5. 31cm〜

握力
　　　男性　　　女性
1. 〜5kg　　〜5kg
2. 〜10kg　　〜10kg
3. 〜20kg　　〜15kg
4. 〜30kg　　〜20kg
5. 31kg〜　21kg〜

TUG
1. 25秒〜
2. 20〜24秒
3. 15〜19秒
4. 10〜14秒
5. 〜9秒

俊敏性
1. 落下
2. 35〜45cm
3. 25〜34cm
4. 10〜24cm
5. 0〜9cm

柔軟性　つま先からの距離
1. −12cm〜
2. 〜−10cm
3. 〜−5cm
4. 〜0cm
5. 0cm〜

ジュンコ：でも，Cさんはどう考えても運転が無理そうな人です。そんな時はどうすればよいのでしょう？

リハ達人：そんな時は「車に乗ってどこに行きたいですか？」「行った先で何がしたいですか？」そんなふうに**質問をさらに掘り下げる**とよいでしょう。そうすると，次のニーズが出てきます。

マイラ：「車に乗ってスーパーに行きたかった」「孫と出かけたかった」…Cさんにもそんな新たな目標が見つかるかも。

ジュンコ：車に乗ることは諦めても，車に乗ってやりたかったことを目標にしていくわけですね。

リハ達人：そうですね。このように新たな目標について解決策を考えていくとよいでしょう。次に紹介するICFは，こういった考え方を身につけるのにうってつけです。

Point Check!
- ☑ 中重度や認知症の利用者の機能訓練プログラムを考える際は，「身体の目標」と「生活の目標」に分けて具体的な目標を明確にすることが大切です。
- ☑ 本人の意欲を高め，目標を掲げるための代案をたくさん出せるようにしましょう。

達人のTweet
安全最優先という名のもとの安易な"NG"

「血圧が高いから」といってお出かけレクなどを禁止してしまう専門職がいます。確かに医療的観点から安全を最優先すると，何もリスクを犯さない方がよいでしょう。しかし，時に数値以外に診るべき視点があるように思います。

「この人，お出かけを楽しみにし過ぎて，興奮して血圧が上がっているのでは？」といった生活場面に寄り添う視点です。いったんリラックスしていただき，時間をおいてから再度計測してみるということも必要ですね。もちろん，お出かけ中も興奮しないように配慮する。専門性の発揮の仕方によって，お出かけが「幻」になるのか「楽しい思い出」になるのか運命の分かれ道。

とりわけ生活期においては，安全最優先あるいは健康管理という名のもとで「ベッド上で軟禁状態」の人がいます。安易な安全最優先は，生活機能が衰えていってしまうというリスクも考えておきたいものです。

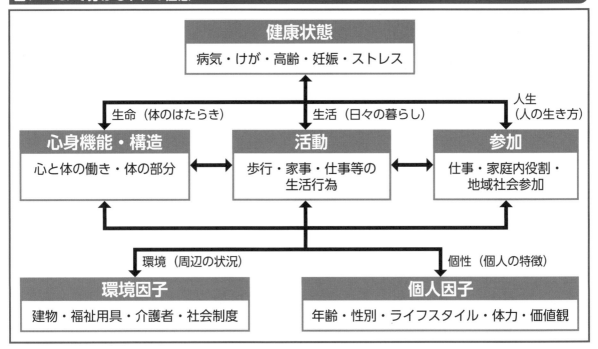

図7 ICFで分かるケアの極意

ICFで認知症の人，中重度の人をどうとらえるか？

リハ達人：ICF（国際生活機能分類）は，WHO（世界保健機関）が提唱した健康状態を把握するためのモデルです。図7の中の「活動」とは主に家の中の活動を示し，「参加」は社会参加や役割づくりを意味します。「環境因子」はバリアフリー，人的環境，社会の意識（偏見・差別），制度環境など幅広くとらえ，「個人因子」は価値観や個性などを示します。健康状態は多くの因子が影響し合った結果，現れているもので，因子が双方向に影響し合っていることを図式化しています（図7）。

ジュンコ：双方向に影響し合っているとはどういうことですか？

リハ達人：認知症や心身機能の低下は「活動」を制限することもありますが，逆に何らかの支援で「活動」が活発になれば，認知症や心身機能が回復することもあります。また，「参加」にアプローチできれば，「活動」や「機能低下」も軽快することがあります。さらに，半身麻痺があっても「右がだめなら左を使う」という積極的な取り組みによって仕事が見つかり，その結果，麻痺が生活の阻害因子でなくなる，というようなプラスの結果を得ることもありますよね。認知症の人や脳卒中を患った人が社会参加することにより，「活動」や「心身機能」が向上する例もあります。

ジュンコ：つまり，障害があれば健康状態は「マイナス」と考えるのではなく，心身機能・活動・参加といった因子のどれかが支えられると，健康状態は大きく変わる

表15 「従来の障害のとらえ方」と「ICFでの障害のとらえ方」

◆ **従来の障害のとらえ方（マイナス思考）**
　身体に障害がある→歩けない→生活は家の中に限定される→閉じこもり（社会参加不可）

◆ **ICFでの障害のとらえ方（プラス思考）**
　身体に障害がある→歩けない→車いすがあれば移動可能→住宅改修すれば外出可能→買い物に行ける！（社会参加可能）

　　　というプラスの考え方なのですね。

リハ達人：さらに，背景にある環境因子や個人因子の中からプラスの要因を見つけることにより，生活機能は一層向上します。障害自体の治療が難しくても，例えば，住宅改修・福祉機器の活用・社会資源の利用などなら，私たちが取り組める部分がたくさんあるでしょう。
　　　今まで考えがちだった「認知症がある，障害があるからできないことが増える，生活の範囲が狭まる」というマイナス思考ではなく，この方法だったら生活空間が広がる，人間関係が豊かになる，社会参加ができるという，**「あるものを探して」プラスに変える**ことがICFの基本的な考え方なのです（**表15**）。

マイラ：認知症や中重度の人の心身機能・活動・参加の状態をとらえて，その人の周りの環境を整えていくことが大切ということですね。

リハ達人：そうです。このICFの図を頭に入れて，どの因子を高めれば，よりその人のQOLが向上できるかを考えていくといいですよ。

ジュンコ：どの因子に私たちの専門性を注ぐか，はたまた別のサービスを使うかなどを考えることで，閉じこもりだった人が社会参加できたりするんですね。すごい！

マイラ：ICFの図を見て，どこを頑張ろうかっていう考えは3つの円の視点と一緒ね。

リハ達人：よく気がついたね。先ほど考えた「3つの円」（**図4**，P.28）とICFは，どちらも私たちの仕事に役立つ視点です。支援が足りない部分はどこだろうと考えるトレーニングとして，頭に入れておいてください。

ジュンコ：その人を取り巻く多様な因子を総合的に考えるトレーニングになるのですね。

☑ 利用者の生活機能は「障害があれば低下する」と
　一方向に考えるのでなく，多くの要素が
　双方向に影響しあっていることを理解しましょう。
☑ ICFを理解し，障害のマイナス面だけをとらえず，
　あるものを生かすプラスの視点を持ちましょう。

認知機能や身体機能の評価から生活に必要な訓練を立案

リハ達人：機能訓練を実施していくためには，「バーセルインデックス」（**表16**）や「FIM」などの指標を使って利用者の生活機能を数値化すると，定期的な評価に便利です。機能面として「筋力」「バランス」「関節可動域」「俊敏性」「歩行」などを評価することは大切です（**資料1**，P.36，37）。また，認知症の利用者の場合は，「MMSE」や「長谷川式スケール」といった評価法など，点数化して状態を把握する方法があります。

　しかし，ただ単に「下肢の筋力が低下している」「麻痺がある」という評価ではなく，生活場面でどのような動作を行っているか，認知機能が発揮される機会があるかという，一歩進んだ視点を持って機能訓練のプログラムに反映していくことが大切です。

マイラ：筋力が低下しているから「筋トレ」をする…ではいけないんですか？

リハ達人：目的がはっきりしないと，単調なトレーニングになりがちです。そうならないために「生活の中で，どんな動作ができるようになりたいか」ということを探っていくとよいですよ。

ジュンコ：「生活の目標」というものですね。目標に向かって行う運動なら本人も納得して実施してもらいやすいですよね。

マイラ：認知機能なら「脳トレ」って思ってしまうけど，それもダメなんですか？

リハ達人：机の上でひたすら紙に向かって行う「脳トレ」は寂しいです。ぜひ，生活動作の中で脳を活性化できるようなプログラムを考えてほしいですね。

ジュンコ：「身体機能の低下＝筋トレ」「認知機能面の低下＝脳トレ」が必ずしも最善とは言えないということですね。

リハ達人：もちろん目標に近づくための訓練をしていくことは重要です。しかし，その課題は訓練だけで乗り越えられるのか，家族や介護職が日常的に実施できる別の方法はないか…そういった視点をいつも持っておくことが大切です。

　例えば，認知機能は楽しい会話や趣味活動，家事動作の再開など，いろいろなメニューから改善されることもあります。生活者としてとらえた評価と訓練メニューが必要です（**表17**）。

ジュンコ：ただ漫然と訓練をするのではなく，評価表などを使って，どの部分を補うための訓練なのかを考えながら行うべきなのですね。

リハ達人：そうですね。例えばバーセルインデックスのチェックのついた項目を見ることによって，行う機能訓練も人それぞれ違う十人十色のメニューになるはずです。

表17 生活場面で役立つ機能訓練

認知機能に障害がある		下肢に障害があり歩けない	
➡脳トレ訓練	△	➡歩行訓練	△
➡季節を感じるお出かけ	○	➡車いすを使う	○
➡計算をする買い物	○	➡在宅で行う四つ這い動作	○

表16 バーセルインデックス（Barthel Index；基本的生活動作）

設問	質問内容	回答	得点
1	食事 ＊自立，自助具などの装着可，標準的時間内に食べ終える ＊部分介助（たとえば，おかずを切って細かくしてもらう） ＊全介助	10 5 0	
2	車椅子からベッドへの移動 ＊自立，ブレーキ，フットレストの操作も含む（非行自立も含む） ＊軽度の部分介助または監視を要する ＊座ることは可能であるがほぼ全介助 ＊全介助または不可能	15 10 5 0	
3	整容 ＊自立（洗面，整髪，歯磨き，ひげ剃り） ＊部分介助または不可能	5 0	
4	トイレ動作 ＊自立，衣服の操作，後始末を含む，ポータブル便器などを使用している場合はその洗浄も含む ＊部分介助，体を支える，衣服，後始末に介助を要する ＊全介助または不可能	10 5 0	
5	入浴 ＊自立 ＊部分介助または不可能	5 0	
6	歩行 ＊45m以上の歩行，補装具（車椅子，歩行器は除く）の使用の有無は問わない ＊45m以上の介助歩行，歩行器の使用を含む ＊歩行不能の場合，車椅子にて45m以上の操作可能 ＊上記以外	15 10 5 0	
7	階段昇降 ＊自立，手すりなどの使用の有無は問わない ＊介助または監視を要する ＊不能	10 5 0	
8	着替え ＊自立，靴，ファスナー，装具の着脱を含む ＊部分介助，標準的な時間内，半分以上は自分で行える ＊上記以外	10 5 0	
9	排便コントロール ＊失禁なし，浣腸，坐薬の取り扱いも可能 ＊ときに失禁あり，浣腸，坐薬の取り扱いに介助を要する者も含む ＊上記以外	10 5 0	
10	排尿コントロール ＊失禁なし，収尿器の取り扱いも可能 ＊ときに失禁あり，収尿器の取り扱いに介助を要する者も含む ＊上記以外	10 5 0	
	合計得点	/100	

注）代表的なADL評価法である．100点満点だからといって独居可能というわけではない

Mahoney.F.L & Barthel.D.W：Functional evalation：The Barthel Index. Maryland. State. Mad.. J. 14（2）：61-65, 1965，鳥羽研二監修：高齢者総合的機能評価ガイドライン，厚生科学研究所，2003，日本老年医学会編：健康長寿診療ハンドブック，メジカルビュー社，2011，杏林大学医学部高齢医学

Point Check!
☑ 認知症や中重度の利用者の機能を評価したら，訓練室内だけの訓練ではなく，生活場面で役立つ機能訓練を立案していきましょう。

達人のTweet 「生活者」という視点を持って

「患者」という漢字は，「心に串が刺さった人」が表現されています。病気を抱えている治療期（急性期）の人は当然治療が必要ですし，病気を治すためには安静が必要，食べ物の我慢も必要です。しかし，病院を退院し，生活を始める時期（生活期）になっても，パジャマで寝てばかりいては，体力も気力も落ちていく一方です。「お大事に」という医療職の言葉をそのまま聞き入れて，安静にばかりしていてはそのまま廃用症候群（安静を続けて過ごしたことが原因で体力が低下し，関節拘縮や褥瘡，抑うつなどの身体的・精神的症状が発生してしまうこと。「生活不活発病」とも言う）が進行してしまいます。

私たちがかかわる利用者は「患者」ではなく病院で治療を終え，在宅で暮らす「生活者」です。したがって，「医療モデル（治療する）」ではなく，「生活モデル（今ここから生きていく）」で考え，生活づくりをしていくことが大切です。利用者の望む生活の実現のためにサポートするのが，私たち介護現場で働く専門職の仕事なのです。

一昔前は，「生活期」という言葉はなくて，「慢性期」という言葉が主流だったので廃用症候群が起こってしまいがちでした。ぜひ「生活期」という言葉をどんどん広めていきましょう（図8）。

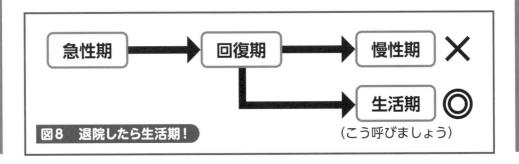

図8　退院したら生活期！

デイサービスで"訓練オタク"増殖中?

ジュンコ：デイサービスでは「訓練オタク」のような人も少なくありません。

マイラ：訓練オタク?

ジュンコ：66歳の男性のDさんは，脳梗塞後遺症から車いす生活を余儀なくされています。まだお若いので，早くよくなりたいという一心でリハビリテーションに励んでおられます。まじめに取り組んだので効果も出ています。

リハ達人：素晴らしいじゃないですか。

ジュンコ：でも，次のステップに進むことができないんです。

マイラ：次のステップって?

ジュンコ：デイサービスに来ても，レクリエーションには一切参加せず，相変わらず，ただひたすらに漫然と機能訓練を続けておられるんです。

リハ達人：つまり，目標が身体機能の回復一辺倒になってしまっていて，暮らしの中に楽しみがないんですね。

ジュンコ：そうなんです。私，Dさんが心配なんです。デイサービスで機能訓練をしっかりやって，体力も向上したんだけど，その後，特に次のステップが思いつかない。だから漫然と今までの訓練を続けているんだと思うのです。

リハ達人：とりわけ中重度の利用者は身体機能がよくなることに一生懸命で，まさに「訓練人生」を歩まれる方も少なくないですね。もちろん身体機能の回復に向けて取り組む姿勢は素晴らしいですが，もし楽しみを棚上げにされているのなら，かかわるケアスタッフは，楽しみや家庭での居場所，役割につながるようなプログラムを提示することも大切です。

ジュンコ：そうですね。

リハ達人：どんなメニューを続けているのですか?

ジュンコ：筋トレでしょ，車いす駆動の練習，平行棒の歩行訓練…。

マイラ：それだけだと変化がないでしょうね。

ジュンコ：そうなの。最近は何かと理由をつけて，デイサービスの利用を休みがちにもなってきているんです。

リハ達人：在宅サービスと連携して，何か役割のある生活づくりを試みるのも一案ですね。Dさんは，家でどんなことをしたいと思っているんだろう。

ジュンコ：あんまり家でのことを聞いたことがなかったので，よく分かりません。Dさん，訓練に一生懸命だったんで…。

リハ達人：そうですね。男の人はけっこうそういう人が多いですね。私はそういう人を"リハビリスンドラン症候群"って呼んでいます。

表18　施設内で訓練を完結させないポイント

- 家での環境を知り，必要な動作を実施
  （玄関段差を手すりを持って昇降する）
- 他者と交流できる趣味活動を取り入れる（麻雀・大工作業・PCメール）
- 家庭での役割となる動作を練習（洗濯物干し，料理の補助，買い物）
- 社会貢献になるワークの実践
  （書道の先生，町内の仕事を引き受けるなど）

マイラ：何ですか？　その何とかスンドラン症候群は学校で習ったことがない病気です。

リハ達人：教科書には載っていませんよ。私が名付けたんですからね。「ワシはまだリハビリが済んどらん！」といって楽しみを棚上げにして，訓練人生を歩む人のことです。

マイラ：「リハビリが済んどらん！」でリハビリスンドラン症候群ね。デイサービスでそんな人をつくらないようにしなくちゃ。そんな人が増えないようにするにはどうすればよいですか？

リハ達人：一つは，施設内で訓練を完結させないことですね。**本人の社会的立場，家庭での役割などを考慮して，デイサービスから在宅にリンクする，そんなメニューを作成しましょう。**

ジュンコ：例えば，どんなことですか？

リハ達人：パソコンで孫とメールをやり取りする，買い物に屋外に行くなどの家での動作。他者とつながる作業的なメニューとして，自分史を書いてもらったり，元運転手さんだったら送迎の講評をいただいたり，手記を施設の新聞に書いていただいたり，麻雀など大人の遊びをレクリエーションに取り入れたり…（**表18**）。

マイラ：奥さんのリクエストを聞いて，買い物に行くとか？

リハ達人：そうですね。買い物は生きた脳トレです！

☑ 機能訓練の目標が身体機能の回復一辺倒にならないよう社会的立場，家庭での役割などを考慮してメニューを作成しましょう。

完全に自立した人間なんていない

　「介護が必要な人は一人では何もできない」，そんなふうにとらえがちではないでしょうか？　しかし実は，皆さんも完全に自立した人間ではないということを理解しているでしょうか？

　トイレで水が流れるのは上下水道というインフラが整っているからであり，水道管を敷設してくれた人がいるからです。我々は排泄『半自立』なわけです。

　夕食に並ぶ食材は，誰かが製品にして，誰かが運んで，販売して…といった具合に誰もが誰かのお世話になって，生活ができているわけです。

　そう考えると，完全な自立なんていうものは，この世にないことが分かります。要介護になった人は，他人に頼る部分が少し増えただけ。世の中の誰もがそんなに変わらない生活「半」自立者なんですね。そして，その人が生活していくために，どんなサポートがあればよいのか，どんな用具があればよいか，どんな介助法がよいか…それらを個々人に合わせて考え，整えていくのが私たちの仕事と言えます。

認知症の利用者とのコミュニケーション

マイラ：認知症の人ともっとうまくコミュニケーションが取れるようになるには，どうすればよいのか悩んでいます。

ジュンコ：確かに認知症の人は，感情が不安定だったり，物忘れがあったりするし，自分の気持ちをうまく言葉で表現できなくて，意思の疎通を図ることが難しいことがありますよね。

リハ達人：認知症の人とのコミュニケーションがうまく取れない原因は，認知症のせいというだけでなく，**聴力や視力が低下していたり，入れ歯が入っていないために**うまく話せなかったりなど，**身体機能に原因がある**こともあります。その人の状態をよく観察し，身体機能低下が原因になっていないかどうかについても確認しましょう。

ジュンコ：確かにそうですね。

リハ達人：また，認知症の症状は，私たちのコミュニケーションの取り方次第では症状が和らぐこともあるんですよ。まずは，認知症の人の表情や行動を注意深く見てください。そして，認知症の人が発する言葉そのものというより，その人の「思い」を意識してみてください。

マイラ：「思い」…？

リハ達人：そうです。認知症の人は，言葉はうまく話せなくても，表情や行動で「思い」を伝えようとしています。それを読み取っていくのです。

ジュンコ：つらそうな顔をしていたら，不安なことがあるのかもしれないので「何か心配なことでもありますか？」と聴いてあげればいいですよね。

マイラ：ニコニコしていたら「何かいいことがあったのですか？」「何か楽しいことがありましたか？」と声かけしてあげたらいいですね。

リハ達人：そうですね。「うまく会話しなきゃ」と難しく考える必要はなく，相手が言葉を発するきっかけを私たちが投げかけてみればよいのです。BGMをかけるなどして，リラックスした雰囲気をつくることも有効です。

マイラ：でも，認知症の人の話は，時々私たちからすると理解しがたいことがあります。被害妄想のような作り話をすることもありますし…。

リハ達人：認知症の人は徘徊や妄想など，私たちからすると「なぜ？」と思ってしまう不可解な言動をすることがあります。しかし，認知症の人とのコミュニケーションは，**「まずは受け入れる」**ということが大切です。理解できないことやつじつまの合わないことは，ついつい否定してしまいがちですが，その人にとってそれは現実なのです。話の内容の正誤にこだわるのではなく，その人の立場からつらさや苦しさに共感してあげてください。認知症の人は否定されると孤独感を覚えて悲しくなったり，取り乱したりすることもありますから。

ジュンコ：「そうですね」「そういうこともありますね」と思いを受け止めて，共感するということですね。

リハ達人：すぐに記憶が失われていく状態なら，認知症の人は常に不安と隣り合わせなのだと想像できます。だから認知症の人と話をする時は，遠くから大きな声で話をするのではなく，できるだけ近くに寄り添って手を握り，表情を見ながら「大丈夫ですよ」と視点を合わせて優しく話をしてあげると安心され，コミュニケーションも図りやすくなりますよ（**写真1**）。

ジュンコ：手を握ったり，視点を合わせたりすることで，認知症の人が自然と会話の姿勢をとってくれることがあります。

リハ達人：そうですね。相性もあるので必ずしもスキンシップがよいとは限りませんが，お互いの距離感が親密であれば，スキンシップは大いに結構です。認知症の人とのコミュニケーションは，非言語のコミュニケーションも上手に使っていくことが大切です。**認知症の人でも「快」「不快」の感情は保たれています。**優しく肩を抱いてあげる，痛そうにしているところをさすってあげる，共に喜び合うというだけでも安心され，親近感がわきますね。

マイラ：認知症の人が私たちの話すことを理解できないことも多く，どうやったらうまく伝わるのかと悩むことがあります。

リハ達人：言葉が長すぎて理解できないということがあります。こちらが伝えたいことは，できるだけ単純な内容にして，一つずつ伝えることがポイントです。例えば，「今日の昼食は12時からで，献立は魚の煮物と季節のサラダとお味噌汁です。昼食が済んだら散歩に行きましょう」と一気に言われたら認知症の人は覚えられません。「昼食は12時からです」「おかずは魚の煮物です」と区切って話し，昼食が済んでから「散歩に行きましょう」と声かけしましょう。

マイラ：認知症の人とのコミュニケーションの仕方，何となく分かったような気がします。

リハ達人：認知症の人は，最近のことは忘れても昔のことは比較的覚えています。昔話をすることで自信を取り戻し，いきいきとした表情を取り戻すかもしれません。苦労話にも耳を傾け，「頑張ったんですね」と心からの感想を伝えましょう。会話の内容は忘れてもその時間が心地よい「快」の時間だったという印象があれば，それはその人にとって素敵な時間です。快の感覚を大切に，認知症の人との会話時間を持つということを意識しましょう。

写真1　筆者の提唱する介護現場のコミュニケーション作法

視点を合わせる

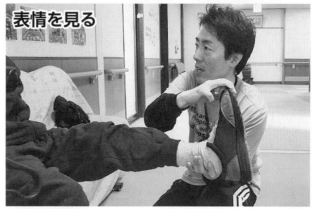

表情を見る

共に喜ぶ

- ☑ 認知症の人とのコミュニケーションがうまく取れないのは認知症のせいだけでなく，視力低下・聴力低下など，身体機能の低下が原因であることもあります。
- ☑ 認知症の人とのコミュニケーションは否定をしないで，「まずは受け入れる」という姿勢が大切です。
- ☑ 認知症の人とのコミュニケーションは非言語コミュニケーションも上手に使いましょう。
- ☑ 認知症の人に言葉を伝える時は，分かりやすい言葉を使い，一つずつ伝えるようにしましょう。

引用・参考文献

1）厚生労働省：日本における認知症の高齢者人口の将来推計に関する研究による速報値，2014.
2）山上徹也：認知症のリハビリテーションのアウトカムとその評価尺度，山口晴保編：認知症のリハビリテーション―笑顔が生まれる実践的アプローチ，メディカルリハビリテーション 164，全日本病院出版会，2013.
3）竹内孝仁：介護基礎学，医歯薬出版，1998.
4）大田仁史，三好春樹監修・編著，東田勉編集協力：新しい介護 全面改訂版，P.40，講談社，2014.
5）Mahoney.F.L & Barthel.D.W：Functional evalation：The Barthel Index. Maryland. State. Mad.. J. 14（2）：61-65, 1965.
6）鳥羽研二監修：高齢者総合的機能評価ガイドライン，厚生科学研究所，2003.
7）日本老年医学会編：健康長寿診療ハンドブック，メジカルビュー社，2011.

第2章

場面別で見る！

認知症・中重度の利用者の生活障害と生活機能訓練の工夫

[登場人物]

生活リハビリの達人

リハ達人
〈ケンジさん〉
理学療法士・介護支援専門員

フィリピンからきた介護職
1年目

マイラ

ベテラン看護師で
機能訓練指導員になって
1年目

ジュンコ

① 移乗

移乗は，車いす使用者にとって1日を通して頻回に行う動作です。移乗動作をないがしろにして，ほかの訓練をするよりは，1日のうちで何回も行うこの移乗動作を生活機能訓練ととらえ，普段のケアの中で実施していきましょう。

人の生理的な動作を知る

ジュンコ：中重度の利用者は筋力が低下していることが多いので，移乗の際の介助が大変です。

リハ達人：私は常日頃から家族や介護スタッフに「移乗動作を大切にすることが認知症や中重度の利用者を元気にする秘訣だ」と言っています。

マイラ：イジョウ？ 何ですか，それ？

ジュンコ：利用者がベッドから車いす，車いすからいすなどへ移る動作を「移乗」と言うのよ。

マイラ：あー，移る動作のことですね。でも，どうして移乗が認知症や中重度の利用者を元気にするんですか？

リハ達人：車いすの利用者の生活にスポットを当てて考えてみましょう。1日何回移乗動作をするでしょうか？

マイラ：えーと，例えばDさんだったら朝，ベッドから起きて車いすに移って，車いすからトイレに移って，用を済ましたらまた車いすに移って，今度は朝食を食べるために食卓のいすに移って…，朝の日課を行うだけで合計4回移乗しています。

リハ達人：1日の日課を考えると，移乗動作をけっこうたくさん行っていることに気づくでしょう。1日に20回以上行う人も珍しくありません。

ジュンコ：確かに，これだけ頻回に行う移乗動作を機能訓練に使わない手はないですよね。

マイラ：でも，移乗を介助するのって，私，苦手です。上手なやり方を教えてください。

リハ達人：移乗介助を上手に行うにはポイントがあります。まずは，誰もが行う自然な動作（生理的動作）から介助法を考えてみましょう。私たちが普段，いすから立ち上がって隣のいすへ移る時，どんな動作をしていますか？

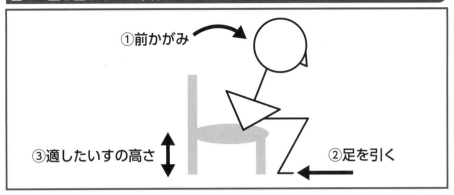

図1　立ち上がりの三条件

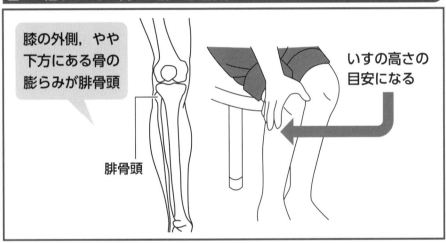

図2　適したいすの高さの調べ方（腓骨の見つけ方）

マイラ：う〜ん，あまり意識をしたことがないです。

リハ達人：まずは「立ち上がり動作」をしますよね。

マイラ：あ，そうだった。確かに，まずは立ち上がり動作をしています。

リハ達人：立ち上がりには3つの条件が必要です。何か分かりますか？

ジュンコ：これは習ったことがあります。①前かがみの姿勢，②足を引く，③適したいすの高さですよね（**図1**）。

リハ達人：大正解。人の動作は重心の移動を伴って行われます。人が立ち上がる場合，いすの上にあった重心を足に移し替えなければなりません。よって，前かがみになり，体の重心を前方に移動させます。また，足を引いていないと，重心の移動がスムーズに行えないため，立ち上がり動作の準備の段階で，足をしっかり引いておくことも大切になります。

マイラ：いすの高さにも配慮が必要なんですね。

リハ達人：いすが高すぎると，足が地面に着きませんし，低すぎると体を持ち上げるために大きな力が必要になってしまうからです。体格に合ったいす（車いす，ベッ

図3 起立時の動作分布

前方にスペースがあるか？

人は前かがみになり，立ち上がるため，前方に大きなスペースが必要。

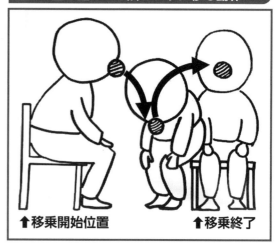

図4 立ち上がって隣のいすに移る動作

↑移乗開始位置　　↑移乗終了

ド）を用意してください。ベッドも端座位になっている時はいすと考えてください。電動ベッドなら高さも合わせやすいでしょう。

ジュンコ：その人に合ったいすの高さの目安ってあるのですか？

リハ達人：分かりやすいポイントがあります。「腓骨頭(ひこつとう)」です。図2のように手を当てると中指が骨の膨らみに触れます。そこが腓骨頭（腓骨小頭とも言う）です。足底から腓骨頭までの長さがその人に適したいすの高さの目安と思ってください。

では，人の立ち上がり動作を分析してみましょう。座った状態から立ち上がりが完成するまで，頭は直線的に斜め上に向かって移動するのではなく，いったん下に向かい，その後，上方に移動します（図3）。

マイラ：どうしてそのような動きをするのでしょうか？

リハ達人：前方に頭を移動することで，重心を前方の足底に移動しているのです。この動きは，下肢筋力が高い人にはそれほど必要ではありません。強い筋力で身体を直線的に持ち上げることができるからです。下肢筋力が低下している中重度の人ほど，この軌跡は大きくなります。重心の移動が動作には大切です。ですから，高齢者の多くは立ち上がる際，前方に大きなスペースが必要になります。これを介助者は理解していなければなりません。

ジュンコ：移乗動作の際も同じですよね。

リハ達人：そうですね。移乗動作は立ち上がり動作の応用になりますから，当然この過程を大切にしなければなりません。

いすに移る動作を分析すると，まず，おじぎ動作から始まり，そのあと浮いたお尻を隣のいすに向けて，座るという，複数の動作の集合であることが分かります（図4）。大きく分けると「立ち上がり→立位保持→方向転換→着座」という4つの動作があります（表1）。

表1　移乗の基本動作（アイウエオ作文風）

移乗には4つの動作が含まれている
- ①**イ**：いすから立ち上がる
（立ち上がり動作）
- ②**ジ**：状態を保つ（立位保持）
- ③**ヨ**：横にお尻を回す（方向転換）
- ④**ウ**：後ろに座る（着座動作）

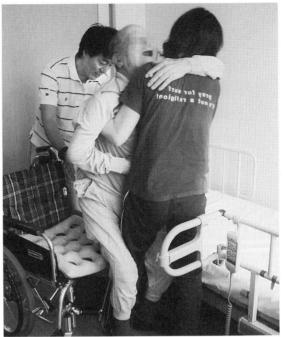

写真1　生理的動作とは程遠い動きの介助

ジュンコ：言われてみると，確かにそうですね。

リハ達人：でも，介護現場で行われている移乗の介助をよく観察すると，生理的動作とは程遠い動きになっていることがあります。**写真1**のような「前から抱える介助」になっていませんか？

マイラ：やってしまっているかも…。

リハ達人：そのように介助した場合，おじぎ動作をするどころか，頭が上方に移動し，自然な立ち上がり動作とかけ離れた動きとなって，無理やり移されていることが分かると思います。これでは利用者の残存機能を大切にした移乗をしているとは言えません。まずは，人の生理的な動作というものを理解しましょう。

マイラ：分かりました。人の自然な動きに近づけるんですね。

Point Check！
☑ 移乗の介助は「人が立ち上がる際の生理的な動作」から介助方法を考えましょう。

「動きやすい」と感じてもらえる介助を

マイラ：生理的な動作で介助するにはどうしたらいいんですか？

リハ達人：利用者が「動きやすいな」という「快の感覚」があれば，本人のスムーズな動きへのきっかけになります。認知症，中重度の利用者の介助では，意思疎通ができないことなどから，何とかこちらの言っていることを聞いてもらおうとするうちに忘れてしまいがちなことです。認知症の人には，特に生理的な動作を大切にした介助技術が必要です。「動きやすい」という「快の感覚」が動作習得につながります。

ジュンコ：「快の感覚」を大切にした移乗介助の方法を教えてください。

リハ達人：「寄り添い移乗」と私が呼んでいる，立位の筋力が残存している人にオススメの介助法があります（図5）。この介助法は，まず本人の動きを邪魔しないように介助者が後方から必要に応じて支え，次に利用者の側方に寄り添い，移る対象物を一緒に認識しながら移乗する介助です。介助者は「立ち上がり→立位保持→方向転換→着座」という一連の流れをサポートし，必要であれば支えて介助をします。介助者は片膝をベッドについて，もう片方の足は地面についています。これがポイントです。

決してズボンを引っぱるのではなく，大転子部を支えるように介助します。この時，よくベルトを引っぱって持ち上げている光景を目にしますが，皆さんはお尻にズボンが食い込みながら介助されたいでしょうか？

マイラ：それは不快だと思います。

リハ達人：ですよね。そして，着座時は「ドシン」と座らせないように着座まで"支えの手"を添えます。気を抜いていきなり倒れ込むように座る人がいるので要注意です。これが癖になっている人は，腰椎圧迫骨折のリスクが高くなるでしょう。上から見ると，ベッドと車いすの間に介助者が入り，お尻を支えながら移乗を介助していることが分かると思います。

マイラ：上から見ると動きが分かりやすいですね。

ジュンコ：介護現場では，もっと支えが必要な人も多いです。その場合は，前から「ヨイショ」と抱えてしまってもよいのでしょうか？

リハ達人：寄り添い移乗では難しい場合も，できるだけ動きやすいという「快の感覚」を大切にしたいですね。「おじぎ移乗」を紹介しましょう（図6）。

まず，介助者は利用者の前に立ちはだかるのではなく，床に膝を着いた低い体勢をとり，相手の「おじぎ動作」を引き出しながら介助をします。そうすることで，元気だった頃にしていた生理的動作感覚（＝快の感覚）を思い出してもらえる可能性があります。

そして「立ち上がり→方向転換」を支えながら介助します。立位保持の際，膝を介助者が支える（ロックする）と安定します。そして，ゆっくりと車いすに腰掛けていただきます（着座動作）。

Point Check！
- ☑ 移乗の介助は利用者が「動きやすい」という「快の感覚」を感じられる介助方法を実施しましょう。
- ☑ 『寄り添い移乗』『おじぎ移乗』がオススメ！

図5　寄り添い移乗（立位の筋力が残存している人の介助法）

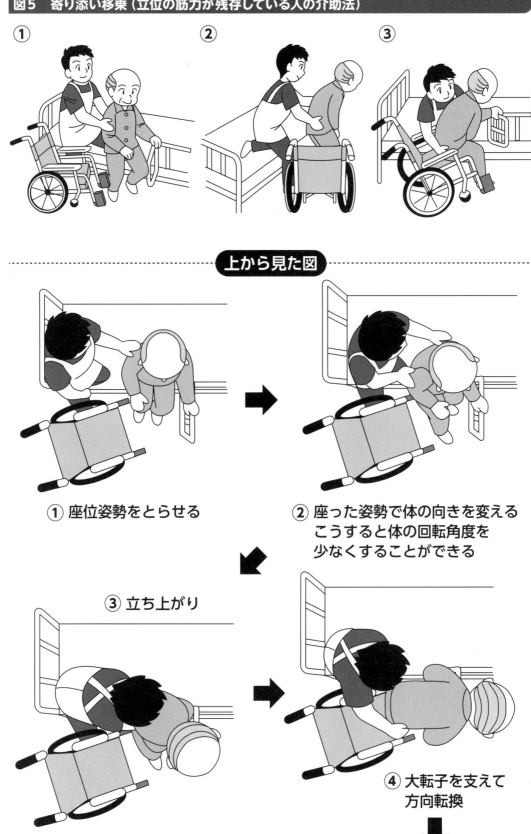

上から見た図

① 座位姿勢をとらせる

② 座った姿勢で体の向きを変える
こうすると体の回転角度を
少なくすることができる

③ 立ち上がり

④ 大転子を支えて方向転換

図5の続き

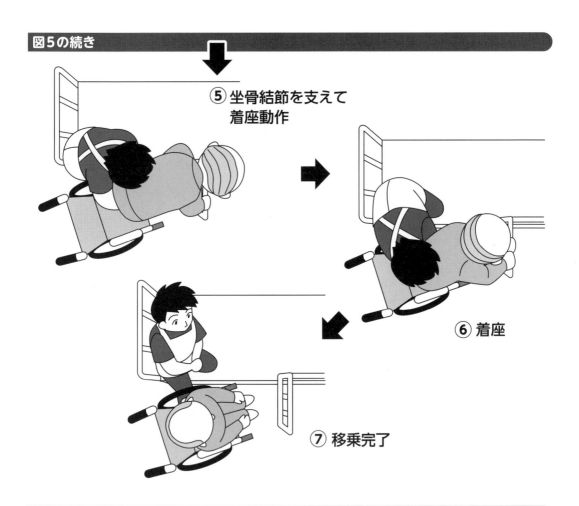

⑤ 坐骨結節を支えて着座動作
⑥ 着座
⑦ 移乗完了

図6　おじぎ移乗（立位の筋力がかなり低下している人の介助法）

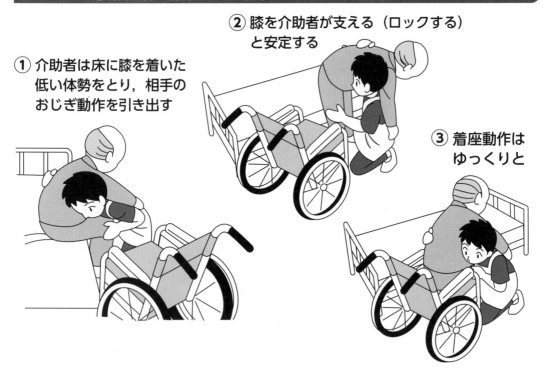

① 介助者は床に膝を着いた低い体勢をとり，相手のおじぎ動作を引き出す
② 膝を介助者が支える（ロックする）と安定する
③ 着座動作はゆっくりと

"視点"を合わせる

マイラ：認知症の人に「さあ車いすに移ってください」といっても通じないんです。話を聞いてもらえるように，目を合わせて伝えてるんですが…。

リハ達人：よく認知症の人への介護で大切なことに「視線を合わせる」ことがよいと言われていますが，そうとは言えないケースもあります。近距離で「視線が合う」ことに圧迫感を感じる人も多いのです。移乗介助する時などはむしろ「視点を合わせる」ことの方が大事だと私は考えています。

ジュンコ：「視線」ではなく「視点」を合わせるのですね。

リハ達人：移乗を例にすると「あのいすに今から移りましょう！」と同じ目標物に視点を合わせ，協力するのです（**写真2**）。この時，利用者と介助者は同じものを見つめ，同じ目標に対してトライすることで共感が生まれます。先ほど紹介した「寄り添い移乗」での介助の際はぜひ，そんな思いを込めて行ってみてください。そして，お互い息が合い，共同作業がうまくいった時に，人は自然と喜び合えるものです。この時にニッコリと「視線が合う」…そんな場面をたくさんつくっていけるとよいと思います。

☑ 移乗の介助は「同じ目標物に視点を合わせ，協力し合う」ということを意識した介助方法を考えましょう。

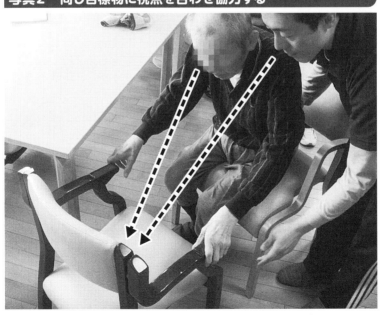

写真2　同じ目標物に視点を合わせ協力する

達人のTweet
「待つ」介護をしよう

　利用者の立ち上がりを介助する時に「イチニのサン！」と言ってズボンの後ろのベルトあたりを引っ張っている風景をよく見かけます。「フィンガータッチ」と呼ばれる「指でズボンを握った介助」で，利用者の力を出さず，介護者の力とタイミングで動かしてしまっています。そんな介助を自分がされると，どう思うでしょうか。自分の準備ができてないのに，無理やり立たされ，それにお尻にズボンが食い込んで，嫌な感じがするのではないでしょうか。認知症ケアでご法度の「不快」を感じさせてしまうでしょう。自分がされて嫌だと思うことはできるだけ改善しましょう！

　ズボンではなく，相手のお尻の横を両手で挟む…つまり掌（パーム）をつかって心地よく支える介助をしたいものです。これは「パームタッチ」と呼ばれます。

　「イチニのサン」で無理やり立たせるのではなく，まず「立ちましょう」と声をかけます。声をかけても，スムーズに動き始められない場合は，「イチニのサン」などと言って，3秒で準備ができると思わず，「4，5，6……」と待ってみましょう。もぞもぞとお尻を浮かせようとする動きが始まります。その時，利用者のお尻（大転子）を横から支えるのです。

　介護現場では忙しくて，利用者のゆっくり始まる動きを「待つ」ことが苦手な職員が多いように思います。このように「待つ介護」，そして「つかまない介護」を心がけていただきたいと思います。

移乗が思うようにできない利用者

ジュンコ：認知症の人の場合，「さぁ移りましょう」と言ってベッドから車いすに移乗をしてもらおうとしても，こっちの思うように動いてくれなくて，とても難しいことが多いです。

マイラ：そう言えば，体を寄せると殴られたり，かみつかれたりすることもありました。認知症の人からすると，何をされるのか理解できないのでしょうか？

リハ達人：認知症の人は，なぜ移乗しなければならないのか理解できない場合もありますので，「○○さん，食事の時間です。いいにおいがしませんか？ 食堂に行きましょう。この車いすに乗ってください」と本人に分かりやすく，身振り手振りを入れながら説明をしてあげる必要があります。自分が車いすに座ったりしてお手本を見せると理解してもらえることもあります。

マイラ：そう言われると，あんまりちゃんと説明していなかったかもしれません。だって，その時間は食事だと分かってくれているものだと思っていました。

リハ達人：なぜ今，自分は車いすに移らなければならないのか，それが理解できないまま本人にとって強引に動かされようものなら，介助者は暴力的に拒否されても仕方がないかもしれません。無理に動かそうとする前に，しっかり理由を伝える工夫が必要です。

ジュンコ：そうですね。それに「今日のお昼ご飯は○○さんの好きなエビの天ぷらがありますよ。一緒に行きましょう」など，**本人の気持ちが動くような声かけも大事**じゃないかしら？

リハ達人：そうですね。本人と信頼関係が成立した上で介助させてもらうのと，信頼関係がない中で介助するのでは天と地ほど結果に差が出ます。

マイラ：信頼関係を築いた上での介護を心がけようと思います。

ジュンコ：それでも，いざ，ベッドから車いすに移乗しようとするのですが，どう動いたらよいのか分からないようで，動きが止まってしまうこともあります。

リハ達人：そんな時は，少し工夫してみることで案外うまくいくことがあります。例えば，足の動かし方が分かりやすくなるようにマーキングをしてみるのも一案です。

マイラ：マーキング？

リハ達人：足形のマークです。ベッドから車いすに移る足の置き方が分かるようにシールを貼ると，すんなり自分で移乗してくれる人もいます（図7）。

ジュンコ：あっ，その方法，歩行の練習をする時に使ったことがあります。

リハ達人：ほかにも前かがみの姿勢を誘導する目的で，前方の手すりにテープを貼る「手すりマーキング」という工夫もありますよ。

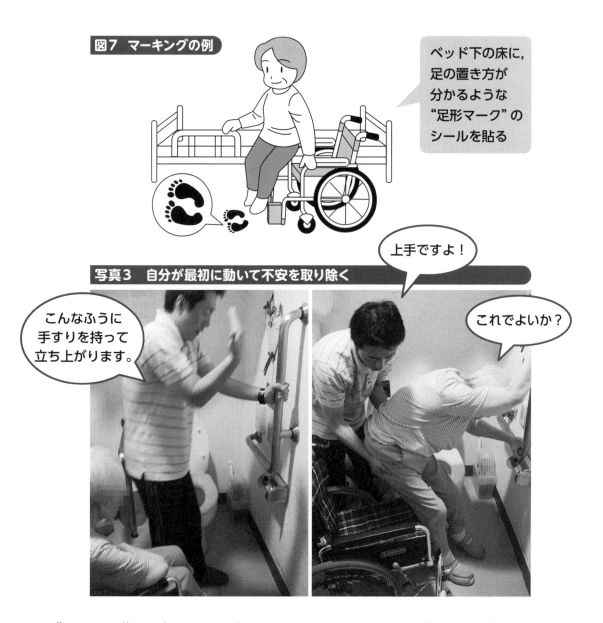

図7 マーキングの例

ベッド下の床に，足の置き方が分かるような"足形マーク"のシールを貼る

写真3 自分が最初に動いて不安を取り除く

こんなふうに手すりを持って立ち上がります。

上手ですよ！

これでよいか？

ジュンコ：動きを出していただくために，ここに足を置く，手はここを握る，そんな分かりやすい工夫としてマーキングをしていくわけですね。

リハ達人：特に認知症で動き方が分からない人には，まずは介助者がやって手本を見せて，「こんなふうに動いてください」と伝えてから，実際に動いてもらうといいですよ（**写真3**）。

マイラ：「手すりを持って立ち上がります」「向きを変えて座ります」「お手伝いするので，やってみましょう」と声かけを行って，安心感を持ってもらいながら動作してもらえばよいのですね。

リハ達人：ぬいぐるみの犬などをかわいがって持つ人も多いので，マスコットや座布団など，お気に入りの車いすやいすを演出し「ここに座る」という意識を持ってもらうための一工夫もよいでしょう。

Point Check!
- ☑ 認知症の利用者の場合，移乗する理由が分からない場合があります。信頼関係を築き，本人の気持ちが動くような声かけが大切です。
- ☑ 移乗の仕方が分からない認知症の人には，まず介助者が手本を見せて，「こんなふうに動いてください」と伝えてから動いてもらうとよいでしょう。

立位が取れない中重度の利用者の移乗

マイラ：立位を取ることが困難な中重度の利用者の場合，ベッドから車いすに移乗してもらうことが大変です。

リハ達人：そんな時は「スライディングボード」という福祉用具の使用を検討してみましょう（**図8**）。持ち上げることなく移乗できるので介助量が軽減でき，介助者の腰痛の予防になりますよ。

ジュンコ：使ったことがあります。滑って移乗するので，持ち上げる必要がないですね。

マイラ：私は初めて。どのような手順で使えばよいですか？

リハ達人：まず，車いすの肘置きと足置きを外しておき，ブレーキがかかっていることを確認しましょう。そして，ベッドの高さを車いす座面よりも少し高めに調節します。

ジュンコ：滑り落ちる力を利用するわけですね。

リハ達人：そうです。逆に車いすからベッドに移乗する時は，ベッドを車いす座面よりも低くします。次の手順で行いましょう。

図8　スライディングボード

●ベッドから車いすに移る際の手順

1）利用者の体を支えながら斜め前に倒して，利用者の片側のお尻が乗るようにスライディングボードを敷き込む。

2）スライディングボードの片側を車いすの座面に載せて，片手を利用者の脇下に入れて体を支える（**写真4－①**）。

3）もう片方の手を相手の腰に当てて，利用者の体を車いす側に倒し，ボードの上をゆっくりと滑らせ移乗する（**写真4－②**）。

写真4　スライディングボードを使用したベッドから車いすへの移乗

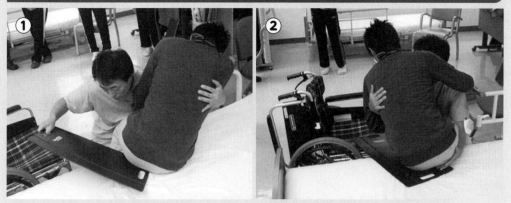

4）移乗後，奥にしっかりと座らせる。前後左右に体を倒して，皮膚のつっぱりや摩擦をとる。

マイラ：便利そう。使い方も簡単そうですね。

リハ達人：ただし，身体機能により，スライディングボードを使える人とそうでない人がいます。

マイラ：スライディングボードが使える人の条件って何ですか？

リハ達人：少しの支えがあれば座位保持が可能，また，前かがみの姿勢が可能なことが条件です。これらの身体機能があれば，スライディングボードの使用が可能と考えられます（**表2**）。そのあたりの見極めが大切で，スライディングボードの使用が可能となる条件を考えてアプローチしていきましょう。使用が難しければ，それらの条件を機能訓練のメニューに取り込んで，スライディングボードが使えるようになるための機能訓練（**表3**）を行うようにするのもよいでしょう。

Point Check!
☑ 立位を取ることが困難な中重度の利用者の移乗には，スライディングボードを活用するとよいでしょう。

表2　スライディングボードが可能となる条件

- 少しの支えで座位保持が可能
- 前かがみ姿勢が可能

表3　スライディングボードを使うための機能訓練

- 座位バランス：
  前後左右に体を揺らす，お尻を片方ずつ浮かせる
- 前かがみ姿勢：
  前かがみを行い，慣れたら斜め前方にも行う

達人のTweet
地球人は忘れている!? 「重力」のすごさ

　私たちは地球上で生活しているだけで，実はすごいことなのですが，皆さんはそれに気づいているでしょうか？

　私たちは地球で，皆，無意識に重力に抵抗して生活をしています。宇宙飛行士が地球に帰ってきて最初に驚くのは「地球の重力」だと言われます。まるで地面に引きずり込まれるような重力に驚くそうです。しかし皆さんは，「今日は地球の重力が強いな」なんて感じたことがあるでしょうか？

　私たちの身体には「**抗重力筋**」という筋肉が備わっています。「大腿四頭筋」「脊柱起立筋群」「下腿三頭筋」など，主に立っている時に使う筋肉です。そう考えると，心配になる人がいませんか？　地球上にいながら，全く抗重力筋を使っていない人……ベッドに寝たきりの高齢者です。しかし，心配だからといって，そんな人をいきなり起こしてはいけません。何せ，ずっと長い間，重力を感じる生活をしてこなかった人ですから。いきなり起こすと，血圧がぐっと下がって起立性低血圧になってしまいます。だから，重力を感じる，重力に抗う，そんな生活づくりを徐々にしていくべきなのです。

> まずはギャッジを上げてヘッドアップから！
> ↓
> その次に，もたれた座位「背面支持端座位」
> ↓
> もたれない座位「背面開放端座位」

　このような順番で身体が少しずつ重力を感じられる生活づくりが素晴らしい機能訓練になります。**重力はいくら使ってもタダ！**　地球に感謝しましょう！

② 歩行

高齢者の歩行は,「前かがみ姿勢になる」「腕の振りや歩幅が小さくなる」「すり足になる」などの特徴があり,これらは転倒事故の要因にもなります。歩行は日常生活を行う上で大変重要な動作ですので,中重度であっても,残存機能を発揮して,歩行能力を維持・向上するかかわりが私たちに求められます。

悪循環を断ち切るかかわりを！

マイラ：歩行って,私たちの生活の中でトイレに行ったり,買い物に出かけたり,散歩をしたりといった当たり前のことを行うための動作ですよね。

リハ達人：歩けなくなると生活のさまざまなところで支障が起こります。活動範囲が狭くなりますし,家にいる時間が長くなって閉じこもりがちになります。すると,筋力やバランス能力などの身体機能も衰えてきます。精神的にも落ち込みがちとなって活力がどんどん低下していきます。そして,より一層活動範囲が狭まります（**図1**）。

ジュンコ：これはまさしく**悪循環**ですね。

リハ達人：このような悪循環が続くと,転倒したり,骨折したりといったリスクもあり,要介護度がよりいっそう高まってしまう可能性があります。つまり,歩行能力は単に移動するための手段というだけではなく,利用者にとって役割や生きがいを持つための大きな意味を持っているということです。

マイラ：悪循環は,どこかで断ち切らなければなりませんね。

リハ達人：そうですね。それらの具体的な方法について,解説していきましょう。ま

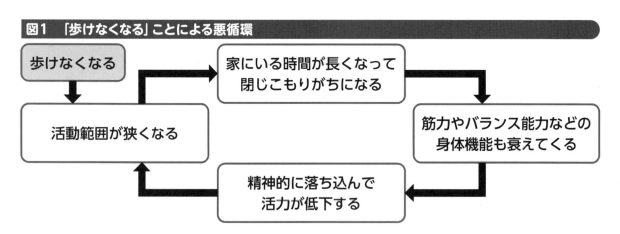

図1 「歩けなくなる」ことによる悪循環

ずは「歩けなくなる」という状態が閉じこもりに直接つながることを意識していただきたいです。

☑ 歩行能力の低下が，身体面・精神面の悪循環につながります。転倒，閉じこもり予防として歩行能力の維持・向上を目指しましょう。

残存機能を発揮しやすい歩行介助とは？

リハ達人：歩行は左右の足に重心を移動し，片足立ちを連続して行っています。人が歩いているのを注意深く観察すると，体が左右に揺れていることが分かるはずです。上から観察するともっとよく分かります。鼻を見ると，鼻が左右に動き，スラローム（蛇行）を描いています（**図2**）。このスラロームを引き出すように介助することが大切です。

図2　人の歩行動作は直線ではなくスラローム（蛇行）を描く

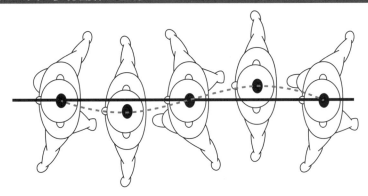

がっちり横について支えながら歩行介助したら歩きにくい。

望ましい歩行介助は，少し距離を開け，重心が移動しやすく，腕の振りなどの身体の動きを邪魔しない歩行介助を心がける。

ジュンコ：歩行介助の際，利用者のこの動きを大切にしないといけませんね。

リハ達人：そうです。歩行は重心が左右に揺れる振り子動作で，人は左右に揺れながら歩くので，隣で介助する人が近くに寄り添いすぎていると，この「揺れ」が起こらずに歩行しにくくなるのです。**重心移動がしやすいように適度な距離を空けて介助することが基本です。**スムーズな重心移動ができる人は歩行もスムーズです。

マイラ：転倒してはいけないからと，がっちり横について支えながら歩行介助したら歩きにくいということなのですね。

リハ達人：残存機能を発揮しやすくする歩行介助の工夫が大切です。そして，機能訓練も一工夫が必要です。歩行のためのメニューとして，座りながら半分お尻を浮かす運動やマットでの重心移動運動など座位や立位で重心移動を入れるとよいでしょう。

ジュンコ：片足立ちの不安定な人は，片足立ちが安定すれば，歩行も安定するということでしょうか？

リハ達人：そういうことです。歩行は片足立ちを交互に行って足を前に進める動作ですので，片足立ちの能力が，歩行の安定性に大きく関与します。歩行が不安定な人には，手すりや平行棒などで片足立ちを練習してもらうとよいでしょう。年齢にもよりますが，片足立ち5秒未満で「運動器不安定症」と診断されていることから，**機能訓練では5秒以上を目標に片足立ちの練習をしていきましょう。**

ジュンコ：片足立ちがうまくできない人にはどのような訓練が必要ですか？

リハ達人：筋力や関節可動域などには問題がなくても，立位でのバランス能力が低下している場合があります。歩行時，密接に関係しているのは「中殿筋」です（**図3**）。立ち上がって片足立ちになった時に，立脚側のお尻の外側やや上方に手を当ててみましょう。筋肉の収縮を感じることができるでしょう。

マイラ：お尻の横にぐっと力が入る筋肉があります。

リハ達人：中殿筋は片足立ちの時に上体が傾くのを防ぐ役割をしていて，この筋肉が弱くなると歩行時のふらつきが著明になります。中殿筋を鍛える運動として，座位でチューブを大腿に巻いて開く運動（**図4**）やマシントレーニングのヒップアブダクション（**写真1**）があります。

> **Point check !**
> ☑ 利用者が歩行する際，介助者が近づきすぎると歩行がしづらくなります。**重心の移動がしやすいように介助者は身体を密着させないようにして，歩行介助を工夫しましょう。**
> ☑ 歩行が不安定な人には，手すりや平行棒などで片足立ちの機能訓練や，中殿筋を活性化する運動を実施していきましょう。

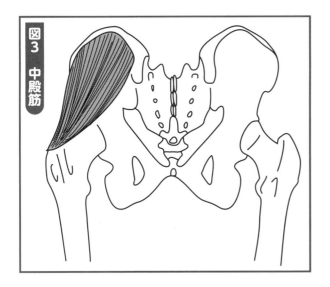

図3 中殿筋

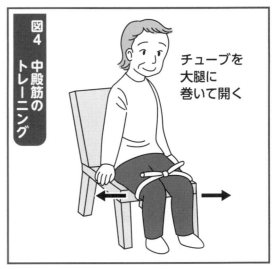

図4 中殿筋のトレーニング

チューブを大腿に巻いて開く

写真1　中殿筋等を鍛える運動―ヒップアブダクション

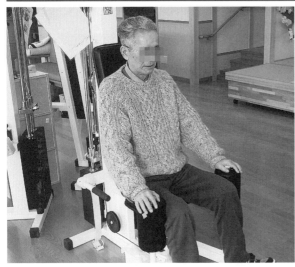
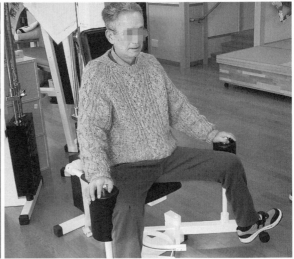

中重度の利用者へのミスマッチな訓練

ジュンコ：「歩きたい」と言われて歩行訓練している利用者がいるのですが…。

リハ達人：どんな状態の人ですか？

ジュンコ：Cさんという人で77歳，男性です。左半身の麻痺があって，車いすを使用しています。かねてから歩けるようになりたいという強い希望があって，デイサービスでも機能訓練の時間に歩行練習をしています。フーフー言いながら平行棒を介助歩行で長い時間をかけて往復しています。

リハ達人：介護現場では，中重度の人にミスマッチな訓練をしてしまうケースがよくあります。多くは利用者のニーズをそのまま受け取ってしまい，それを目標にしてしまっていることが原因です。

ジュンコ：「歩きたい」というニーズに対して，平行棒で歩行訓練するのはいけなかったでしょうか？

リハ達人：必ずしもダメだというわけではありませんが，ニーズはニーズとして受け止めておいて，今，その人にとって何から始めるべきかを多職種でよく話し合って，プログラムを吟味していく必要があります。

「歩きたい」というニーズがあるから「すぐ歩行練習」ではなく，身体機能をしっかり評価して，歩行の前に必要な機能を高めることで，少しずつニーズに近づけていくことができるのです。基礎を固めてからの方が歩行に向けて，スムーズに進むことがあるのです。

ジュンコ：段階を踏んだアプローチを心がけるということですね。

リハ達人：Ｃさんの場合，そのまま歩行訓練を行っていると事故につながる可能性もあります。それに，失敗体験になってもいけませんしね。

ジュンコ：どういったことを評価していけばよいですか？

リハ達人：Ｃさんのような人の場合，まずは普段の車いすに座っている状態で，次のことをチェックしてみましょう。

- 座位姿勢は安定しているか？
- 座位での生活動作は可能か？
- 車いすをしっかり駆動できるか？
- 車いすからトイレやベッドに移れるか？

ジュンコ：そういえばＣさん，座位が安定していなくて，車いすでも不良姿勢になっています。

リハ達人：座位姿勢が安定しない原因は何だと思いますか？

ジュンコ：筋力が落ちているからじゃないかしら？

リハ達人：それもありますね。一般的に座位が安定しない原因としては，次のことが考えられます。

- 体幹の筋力が低下している
- 脊柱が曲がっている
- 姿勢反射障害
- 車いすやいすが身体に合っていない

座位姿勢の調整，車いす駆動といった普段の活動を向上させることで，相乗効果で体力がつき，歩行への可能性も高まります。歩行をしたいから歩行訓練を行うのではなく，まず座位姿勢での生活動作を豊かにしていく。これだけでも体幹の筋力がぐっと上がってきます。

ジュンコ：歩行訓練の前に，食事や排泄の動作も考える必要がありそうですね。その人の状態を見て，日常的に実施できるプログラムを提案する，そういうアプローチが必要ということですね。

Point Check !

☑ 利用者の「歩きたい」というニーズがあっても，まずは身体機能をしっかり評価して，歩行の前に必要な機能を高めることで，少しずつニーズに近づけていきましょう。

足首の関節が固い利用者

ジュンコ：立ち上がるために足を引こうとするのですが，足首の関節が固くなっていて，足が引けない方がいらっしゃいます。

リハ達人：足首の関節の固さはよく見過ごされますね。高齢者は足首の関節可動域が，極端に狭小化している場合も少なくありません。足首を上に向けることを「背屈」，下に向けることを「底屈」といい，足首は正常可動域で20度程度の背屈があるのですが，高齢者の足首をチェックすると多くの人は背屈角度が小さくなってしまい，直角程度にしか背屈できないことが多いです（**図5**）。

マイラ：そんな人には，どうしてあげればよいでしょうか？

リハ達人：足首の関節のストレッチや体操をしてみましょう。踵骨を持って，前腕部分で足首が上向きになるようにストレッチをするとよいでしょう（**写真2**）。痛み

図5　足首の可動域

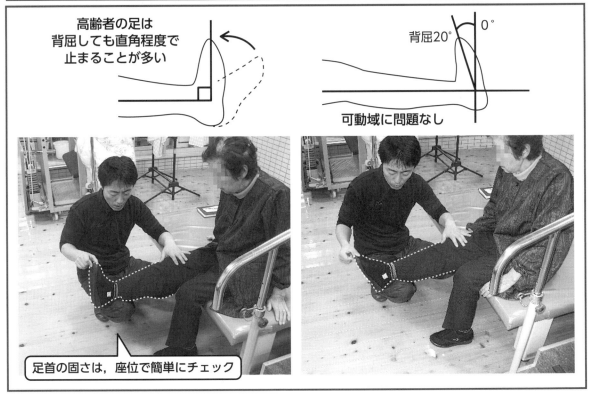

足首の固さは，座位で簡単にチェック

写真2　踵骨を持ってストレッチ

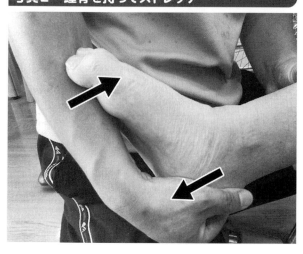

図6　足首の関節の背屈運動

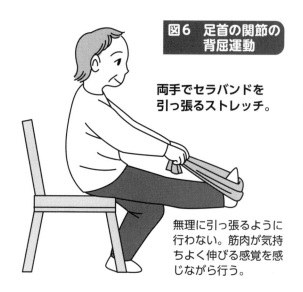

両手でセラバンドを引っ張るストレッチ。

無理に引っ張るように行わない。筋肉が気持ちよく伸びる感覚を感じながら行う。

のない範囲で，心地よい感覚で筋肉が伸長されるように調整します。

また，タオルやセラバンドなどを使用して足首の関節の背屈運動をしてもらうのもよいでしょう（図6）。

☑ 足首の関節が固くなっていると立ち上がるための足が引きにくくなります。歩行ではつまずきやすくなります。足首の背屈角度が小さくなってしまっている人には，ストレッチメニューを実施しましょう。

歩行時に話しかけると立ち止まる利用者

リハ達人：利用者の中に，歩行時に話しかけると必ず立ち止まりながら，受け答えをする人を見たことがありませんか？

マイラ：言われてみれば，結構そんな利用者は多いです。

リハ達人：そんな人は転倒リスクが高くなると言われています。脳の情報処理能力が低下しているサインなのです。1997年にLundinらが行った研究で，歩行中の高齢者に"What's your age ?"と尋ねて，立ち止まったり，歩行速度が低下したりした者では，その先6カ月間における転倒率が有意に高くなるという報告がされています[1]。

ジュンコ：歩行しながらあれこれ話すだけで，簡易的な検査になるんですね。

リハ達人：そうです。「話しながら歩く」「歩きながら考える」というのは脳が複数の課題を同時に処理している状態です。若いうちは難なく処理できるのですが，高齢

図7 ダブルタスクトレーニング

になるにつれて，これが難しくなってくるのです。

ジュンコ：なるほど。じゃあ，話しかけると立ち止まってしまう人には，転倒を予防するための脳機能のトレーニングとして「会話をしながら散歩をする」というのは立派な機能訓練なんですね。

リハ達人：それはとても効果的です。計算やしりとりでもよいですよ。歩行は屋外がお勧めです。季節を感じ，景色を眺め，それを言葉にするということが脳を活性化します。また，屋外で日光に当たることが，ビタミンDの生成，活性化につながり骨の強度を高めると言われています。

ジュンコ：室内で練習する方法はありますか？

リハ達人：「ダブルタスクトレーニング」といった脳機能を高めるトレーニングもお勧めです（図7）。いすに座り，できるだけ早く足踏みをしながら，例えば野菜の名前を10個言ってもらうといったトレーニングです。脳の情報処理能力が低下していると，物の名前を想起しようと努力した時に体の動きが止まってしまいます。体の動きを止めないように物を考えようとすると，名前がなかなか出てこないものです。

マイラ：都道府県名や国名，総理大臣の名前などでもよいですよね。

ジュンコ：「ダブルタスクトレーニング」って楽しみながら，行えるリハビリメニューですね。レクリエーションで輪になり，楽しい雰囲気で行うと盛り上がりそうです。

リハ達人：そうですね。みんなで力を合わせて10個出るまで頑張ってみるのもよいでしょう。運動による骨への適度な刺激が，強い骨をつくるのに有効とされています[2]。

☑ 歩行時に話しかけると立ち止まってしまう利用者は，脳が情報を処理する機能が低下している可能性があります。そんな利用者には「ダブルタスクトレーニング」がお勧めです。

達人のTweet　訓練の成果を日常動作に生かしましょう

　デイサービスに来て，午前中に平行棒で数回歩き，あとの時間は車いすで過ごしているという人を目にすることがよくあります。

　訓練室で行う訓練も大切ですが，短時間の運動より，1日を通して体を動かす習慣を身につけた方が機能向上には効果的です。平行棒で歩行訓練をしたなら，その成果を，ぜひデイサービスの利用中の動作に結び付けるプログラムを立案していきましょう。

　例えば，入浴の時間になったら，お風呂場までは車いすを使わずに歩行する。「トイレに行きたい」と言われれば歩行してトイレに行く。食事の時間になったら食堂までは歩行する…など。

　デイでの日課を行う時は，歩行訓練を組み込むチャンスです。介護スタッフが見守り，歩行場面をつくって，生きた生活機能訓練を実施していきましょう。

転倒を繰り返す原因に多い「すり足歩行」！

マイラ：足が上がらなくて，地面をすって歩く人が多いです。それで何かに引っかかって転倒しちゃうようなんです。

リハ達人：「すり足歩行」という歩き方をする人のことですね。一言に「すり足歩行」といっても原因はいろいろです（**表1**）。

ジュンコ：単に下肢の筋力低下が原因というわけではないのですね。

リハ達人：そうですね。下肢の可動域が狭くなっているということも考えられますし，平衡感覚の機能や視力が低下している場合も原因となります。また，パーキンソン病などの方の症状でもよく見られます。

ジュンコ：「すり足歩行」は転倒のリスクが高まるので，転倒予防をして在宅生活を継続するためにも，原因を把握して効果的な体操メニューを準備していく必要がありますね。

表1 「すり足歩行」の主な原因

①**平衡感覚機能低下**：平衡感覚機能の低下によりふらつきがあり，足を大きく振り出せない

②**視力の低下**：白内障や視野狭窄などで周りが見えづらくなり，その恐怖感から足の振り出しが小さくなっている

③**下肢可動域**：下肢の関節可動域が狭小化している

④**下肢筋力低下**：下肢の筋力低下により，足を十分に上げることができない

⑤**疾患の症状**：パーキンソン病など中枢疾患の症状により，足の運びがスムーズに行えない

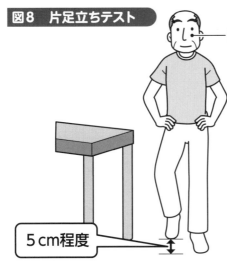

図8 片足立ちテスト

両目を開ける

片足立ちの時間を計測する。20秒以上で合格。5秒以下は転倒ハイリスク。左右両方行うとどちらの足が不安定かを見ることができる。

※注意
安定の良い机やいすなど，必ずつかまるものがある場所で行うこと。

5cm程度

●転倒のリスクを簡単にチェックする方法

リハ達人：転倒のリスクを私たちが簡単にチェックする方法を教えましょう。

〈ファンクショナルリーチテスト〉

壁際に立ち，手を自然に前に伸ばします。お辞儀をして前方に何センチ手を伸ばすことができるかを測定します（第1章資料1〈P.36, 37〉参照）。15センチ以下の人は25センチ以上の人と比較して，転倒リスクは4倍と言われています[3]。このテストの結果が悪い場合，重心移動能力が低下していると考えられます。

〈片足立ちテスト〉（図8）

開眼で片足立ちになります。何秒保持が可能かストップウォッチで測定します。注意点としてテスト中に転倒しないように，すぐにつかまることができるいすやテーブルなどをそばに置いて実施します。年齢にもよりますが，おおむね5秒以下は転倒ハイリスク者と判定します。

〈筋力チェック〉（写真3）

足首を上げる動作に負荷をかけて測定します。まずは自分で上げられるか確認してから，上から軽く押さえて負荷をかけます。軽い負荷を押し返せるようなら，強い負

写真3　MMTテスト
前脛骨筋の簡易な筋力テスト

つま先を上げて僕の手を押し返してください。

荷をかけます。この手技は身体の各部位の筋力を測定するテスト「MMTテスト」と言い，0～5の6段階で評価するのが普通ですが，デイサービスでは「抵抗に対して押し返せる筋力があるか？」を見るとよいでしょう。抵抗に押し返せるようなら「十分な筋力あり」とします。

〈足首の関節チェック〉（図5〈P.71〉参照）

　高齢になると，足首が固くなる人も多いです。上げているつもりでも低い段差につまずいてしまうことが多いので，足首の関節の柔軟性もしっかりチェックが必要です。足首の関節は通常20度程度の背屈が可能です。高齢になるとつま先が上がりにくくなり，0度ぐらいの人が多くなります。ちなみに，足首の関節の動きをみる時，膝を曲げて動かした時と，膝を伸ばして動かした時では，足首の動く角度が変わります。これは膝を曲げた時は，腓腹筋という長い筋肉（2つの関節をまたぐので二関節筋と呼ばれる）が緩んだ状態になり，動かしやすくなるからです。

●すり足改善運動

マイラ：すり足歩行をしている人には，どのような運動をしてもらえばよいですか？

リハ達人：座位でできる体操を紹介しましょう。膝を伸ばす，つま先を前に倒す（底屈），つま先を後ろに倒す（背屈），足を降ろすといった4つの動作を行ってもらいましょう。特に3動作目（つま先を後ろに倒す：背屈）がしっかりできるように心がけます（**写真4**）。

ジュンコ：4拍子の歌に合わせて行うと，グループ体操としても実施できそうですね。

リハ達人：立位でできる運動としては，ストレッチボードを使用してアキレス腱を伸ばすとよいでしょう（**写真5**）。また，少し負荷をかけることが可能ならば，段差に足を乗せ，踵を落とすようにストレッチをします（**写真6**）。

写真4　座位でできる「すり足改善運動」　簡単な歌と合わせて行うと『リズム体操』になる。

① イチ
膝を伸ばす

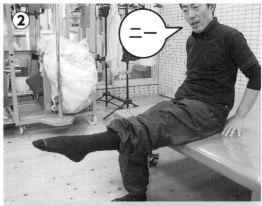

② ニー
つま先を前に倒す：底屈

③ サン
つま先を後ろに倒す：背屈

④ シー
足を降ろす（左右の足を交互に繰り返す）

写真5　ストレッチボードを使ったストレッチ

①足部の台で足関節の背屈角度が調整できる。ストレッチは痛みのない範囲，心地よい感覚で筋肉が伸長されるように調整する。
②右の写真のように，スキージャンプの選手のように身体を起こすと，さらに強く伸長できる。

写真6　段差を利用したストレッチ

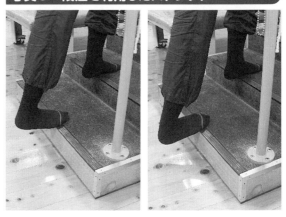

ふくらはぎの筋肉下腿三頭筋，アキレス腱が伸ばされる感覚を感じながら行うことがポイント。痛みを感じたら強すぎ。痛みのない範囲，気持ちのよい範囲で行えるように配慮する。

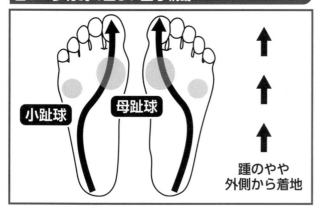

図9　歩行時の正しい重心軌跡

小趾球　母趾球

踵のやや外側から着地

写真7　ペンギン歩き

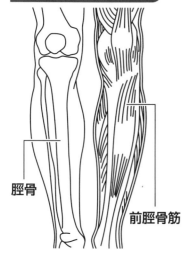

図10　前脛骨筋

脛骨　前脛骨筋

写真8　母趾球歩き

母趾球（↑の辺り）に体重をかける

母趾球で地面を蹴ることを意識

マイラ：「すり足歩行」の人の歩き方には特徴がありますよね。

リハ達人：正常歩行は最初に踵が地面につきます。そして接地した踵に乗った重心が，足底の外側を通り，その後「母趾球」に乗り，つま先に抜けていきます（図9）。「すり足歩行」の人は何らかの理由で，重心がこの軌跡のようには移動していないことが多いです。

　平行棒内での重心移動の練習方法を紹介します。

〈ペンギン歩き〉（写真7）

　歩行時につま先が下がってしまう人に実施します。つま先を上げ，踵だけ接地して歩行します。平行棒をしっかり手で把持し，転倒しないように注意しましょう。足関節を背屈させる前脛骨筋（図10）が収縮することを意識してもらいましょう。

〈母趾球歩き〉（写真8）

　つまずく人を観察すると，後ろ足が前に振り出される時に床とひっかかっていることが多いです。後ろ足がしっかり蹴ることができていないことが原因です。平行棒内で後

写真9　バランス練習

① 手すりをギュッとつかまず、添える程度で行う。

②

平行棒内にクッションパッドや杖などを置き、またぎ越える応用歩行練習

注意点：フラツキの強い人はすぐに支えられるように職員が付き添う。
　　　　ふらついたらすぐに平行棒を握れるように、準備して行ってもらう。

- **初級** その場で足踏み　左右10回（3セット程度）
- **中級** 平行棒内を歩行しながら実施（2～3往復程度）
- **上級** 不規則な障害物を越える歩行練習

ろ足で蹴るように歩く練習をします。「母趾球」という親指の付け根あたりに体重がかかり、後方で蹴るとつまずかない歩行に近づくでしょう。**写真8**の後ろ足の動きを練習します。母趾球に体重が載ること、後ろ足が地面を蹴る感覚を感じてもらいましょう。

〈バランス練習〉（写真9）

　平行棒や手すりを持ち、立位から片方ずつ足を高く上げ、そのまま静止し、バランス機能を高めるトレーニングです。片足立ちテストの結果が悪かった人にお勧めです。慣れてきたら、あまり平行棒をつかまず、手を棒の上に置く程度で実施します。また、足が十分に上がった後、つま先を上げるといったように2段階に分けて動作を行います。股関節を上げる感覚、つま先を上げる感覚をしっかり感じてもらいましょう。動作をゆっくり行うことで、その間、片脚立位の練習にもなります。

〈足首の関節に着目した自転車エルゴメーターのトレーニング〉（写真10）

　ペダルを漕ぐことでつま先がしっかり上を向くため、「動的ストレッチ」が実施できます。痛みのない範囲、また体力に合わせた負荷設定で行います（3～5分程度）。つま先がしっかり上がるようにサドルの高さを事前に調整することがポイントです。

〈パーキンソン病の人のためのリズム体操〉（写真11）

ジュンコ：パーキンソン病（あるいはパーキンソン症候群）の人は、「小刻み歩行」と言われる歩行となり、すり足に近い状態がよく見られます。

リハ達人：リズムがうまくとれない症状が現れることがあります。歩行時に「イチ・ニー・イチ・ニー」とリズムをとるように声かけした練習メニューもありますね。

写真10　自転車エルゴメータートレーニング

この時，足首の関節が背屈している。

写真11　リズム体操

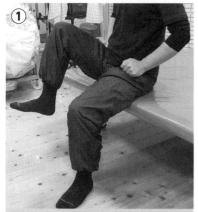
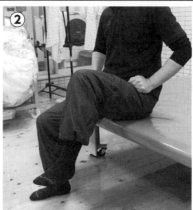
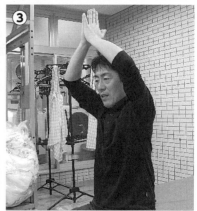

① 「イチ」で右足を上げ，ドンと勢いよく床を踏み鳴らす

② 「ニー」で左足を上げ，ドンと勢いよく床を踏み鳴らす

③ 「サン・シー」で手を頭の上でパチンと拍手する

- (初級) ゆっくりと4カウントに合わせて運動ができることを目指す
- (中級) 歌などリズムに合わせて自分でも歌いながら実施する（リズムに合わせることがパーキンソン病者にはとても重要）
- (上級) スピードを速めて行う，集団体操で行う　など

しかし，「歩いてる時は必死で，リズムに合わせるなんて難しい」という人も多いです。座位でリズム体操を行い，その後，立位でのリズム体操，リズム歩行へとレベルアップしていくとよいでしょう。

Point Check！
☑「すり足歩行」は転倒のリスクが高まります。
在宅生活の継続のためにも，原因を把握して効果的な転倒予防メニューを準備しましょう。

達人のTweet ストレッチする時はリラックスできる環境を！

　筋緊張の亢進は，とりわけ脳血管障害の後遺症でよく発生します。脳からの指令が筋肉に届かなくなり，筋肉は持続的に緊張し，どんどん緊張が強くなってくるケースが多いです。例えば，手指が握られ，手首が曲がり，肘が曲がってくるような症状を見たことがあるでしょう。このような固くなった関節を伸ばそうとストレッチを始めるのですが，この時，注意が必要です。痛みを与えると逆効果。「あー，また痛い訓練が始まる…」そう思うだけでも筋緊張は亢進し，血圧は上がり脈拍も速くなる…。要するに交感神経が優位の状態になってしまうのです。こういった心理的なストレスが，さらなる関節拘縮につながることがあります。ストレッチをする時は，気持ちがよくてリラックスできる！　そんな環境をつくりましょう！！

引用・参考文献
1）Lundin-Olsson L, Nyberg L, et al.："Stops walking when talking" as a predictor of falls in elderly people. Lancet 349：617 1997.
2）骨粗鬆症の予防と治療ガイドライン作成委員会編：骨粗鬆症の予防と治療ガイドライン2015年版，日本骨粗鬆症学会，2015.
3）日本理学療法士協会：理学療法診療ガイドライン第1版（2011），平成23年10月.
4）山永裕明，野尻晋一：図説パーキンソン病の理解とリハビリテーション，三輪書店，2010.

③ 排泄

「下の世話を受けるようになったらおしまいだ」と話す高齢者がいるように，自力で排泄できるか否かは，その人にとって人生の大きな問題であり，人間の尊厳にかかわることと言えます。それは認知症の人であっても同じです。安易におむつを使うのではなく，少しでも自分で排泄できるような環境づくりや機能訓練の方法を工夫してみましょう。

排泄動作を一つひとつ確認しよう

リハ達人：排泄の動作が自立しているかについては，一つひとつの動作の評価が必要です。排泄動作を分解して考えてみましょう（**図1**）。

ジュンコ：自立していて一人で全部できるのか，一部介助があればできるのか，全介助が必要なのかということですね。

リハ達人：見守りながら一部介助で排泄ができるのなら，必要な動作だけ介助を行って，少しずつ自立に向けた練習を行っていきましょう。

マイラ：どんな練習を行っていけばよいですか？

リハ達人：排泄動作は，いすに座って排泄動作をするなどの架空の練習を行うよりも，実践で行うのが一番です。「トイレに行きたい」というタイミングで実際にトイレにお連れして，動作確認を行って，どんな動作の習得が必要かを考えていくとよいでしょう。例えばズボンの上げ下ろしが困難であれば，その動作を訓練メニューとして独立させて行うのです。

マイラ：車いすに乗っていて，便座に移ることができない人がいます。

リハ達人：そんな場合，移乗する角度をできるだけ小さくしてあげるのも一案です（**図2**）。普通なら180度方向転換しなければならない場合でも，車いすの位置を工夫すれば90度以下の方向転換で済みます。必要な動作を訓練室で行うこともできますね。方向転換を目標に足のステップを意識した移乗の練習を行います。

　また，立位がとれない人の場合，前かがみの姿勢から介助でお尻が上がれば，スムーズに便座に移乗できる場合があります。移乗介助の時と同様に，立位が不安定でも，後方から支えることで，手すり，殿部，足底の3点が安定すると立位保持が可能となる人も多いです。

ジュンコ：でも，立位が取れない人の場合，ズボンの上げ下ろしが行いにくいです。

リハ達人：立位が難しい人の場合，座位でズボンの上げ下げができないか確認してみましょう。座位保持が安定し，左右にお尻を浮かすことができれば，座りながらズボンの着脱が可能です。実際にズボンを上げ下ろしするのではなく，セラバンドで練習すると訓練室でも練習が可能です（**図3**）。

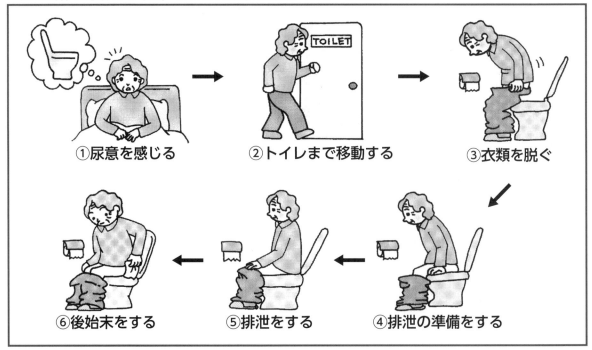

図1　排泄動作のプロセス
一連の動作を分解して考え，できない部分の訓練メニューを立案する。

①尿意を感じる　②トイレまで移動する　③衣類を脱ぐ　④排泄の準備をする　⑤排泄をする　⑥後始末をする

図2　お尻の回転する角度をできるだけ小さくする
車いすの位置を工夫すると90°以下の回転角度で移乗できる。

90°以下

手すり・お尻・足底の3カ所が固定されると立位が安定する

図3 ズボンの上げ下ろしをセラバンドで練習

身体を左右に傾けるとセラバンドを上まで上げることができる。

- ☑ 排泄動作の確認は，架空の練習を行うよりも「トイレに行きたい」というタイミングをとらえて実践で行うのがベスト。
- ☑ 排泄動作については自立している部分とそうでない部分を分けて評価し，できない部分に対する機能訓練メニューを用意していきましょう。

排便のタイミングはいつがよい？

マイラ：「トイレに行きたい」と言ってくれない人もいます。タイミングが分からなかったらトイレに連れていけないです。

ジュンコ：認知症の利用者の中には便意・尿意の感覚が分からなくなってしまう人もいるのでしょうか？

リハ達人：認知症が進行すると尿意や便意の感覚がなくなるわけではないのですが，うまく認識できないことがあります。尿が膀胱に溜まっても，便が直腸に送り込まれても，トイレに行くという行為につながらないのです。「トイレに行きたい」という訴えがない人の場合，できるだけタイミングを見計らってトイレにお連れしましょう。

　ところで，便が出やすいタイミングはいつだと思いますか？

マイラ：えーと，食後がいいんじゃないでしょうか。

ジュンコ：運動後もいいと思います。

リハ達人：答えは「したい時」です。

マイラ：えー，ずるい！　それひっかけ問題ですね！

リハ達人：2人ともちょっと頭が固くなっていますよ。排便のゴールデンタイムは食後とか運動後って答えがちですが，その人の「したい時」にトイレにお連れする，ということを忘れないでほしいです。

マイラ：でも，その「したい時」が分からない人もいるんです。そんな場合はどうしたらいいんですか？

リハ達人：そんな時は，今キミたちが言った食後や運動後に誘導するのがよいでしょう。では，またここで問題です。便が出やすいのは，朝食後・昼食後・夕食後のどれでしょう？

マイラ：朝食後！

ジュンコ：私も同じ。経験的にそうだわ。

リハ達人：正解！　最も便が出やすいのは朝食後です。食べ物が胃に入ると，胃・結腸反射が起こって腸が蠕動します。便が直腸に送り込まれたら排便の準備完了となります。朝は副交感神経が優位な状態で，排便しやすい体内環境が整っています。便意がなく，排泄コントロールが不良な人でも朝食後にトイレに座ることが突破口となる場合があります。

マイラ：デイサービスならば朝の送迎後，施設に到着したらすぐトイレにお連れするとよいかもしれませんね。

ジュンコ：そう言えば，送迎車に揺られることが腸の刺激にもなるのか，デイサービスに到着後に便が出て，スッキリされる人が多いように思います。

- ☑ 認知症の利用者の中には便意・尿意が認識できないことがあるので，「トイレに行きたい」という訴えがない人の場合，できるだけ毎食後にトイレにお連れしましょう。
- ☑ 朝食後は生理学的に最も排便が出やすいです。デイサービスの場合は，朝の送迎後がチャンスです。

「トイレに行きたい」というサイン

リハ達人：尿意や便意を感じた時，私たちなら「あー急いでトイレに行かないとー！」と焦りますが，認知症の人の中にはトイレに行くということが分からないまま，心の焦りが生じるということが起こり得るでしょう。そんな時，認知症の人の心模様はどんな感じだと思いますか？

マイラ：「何だ，この嫌な気分は！　解放されたい！　こんなところにいる場合じゃ

ない！ 何だか分からないけど急かされる。どんどん強まってくるー，助けて～」っ
ていう感じかしら。

リハ達人：そうそう！ そんなふうに得体の知れない何かが迫ってくるというのにか
なり近いんじゃないでしょうか？

ジュンコ：うまく言葉では言えなくても認知症の人の中には
「トイレに行きたい」というサインを出している人もいるでしょうね。

リハ達人：そうですね。そのサインを見落とさないようにしなければなりません。
突然立ち上がる，うろうろし始めて落ち着かなくなる，ズボンに手をかけている，表情が不安そうになる，あるいは険しくなる，股間のあたりを触っている，「おーい」など誰かを呼ぶように声を上げるといった非言語的サインですね。

マイラ：確かに思い当たる人がいます。立ち上がってうろうろする様子…あれはトイ
レに行きたいというサインだったのかも。

リハ達人：こういったサインを周りの職員が分かってあげられるといいですよね。そ
して，適切なタイミングでトイレに座ってもらうことが大切ですね。ウロウロして
落ち着かないからといって，安定剤を飲ませて落ち着かせようとするなんていうの
は本末転倒ですね。

ジュンコ：排泄があった時間をチェックしていくと，だいたいの時間の間隔がつかめ
ます。

リハ達人：食後がよいのか，運動後がよいのかなど，その人の排便のタイミングを把
握してトイレに誘ってあげるとよいですね。

Point Check
☑ 認知症の人の中には言葉では表現できなくても，
「トイレに行きたい」というサインを出していることが
ありますので，それらを見逃さないようにしましょう。

達人のTweet　認知症ケアにこそ大切な解剖学・生理学

　高齢者のリハビリ介護にかかわってきて実感することは，解剖学・生理学の知
識によって利用者の元気を引き出すことができるということです。
　例えば，「仙骨座り」といった背もたれに体をあずけた座り方ではなく，「坐骨
座り」といった前かがみの座位をとると，体幹の力が発揮され，活動的になりま
す。「坐骨座り」が日常的にできている人がトイレに座ると，解剖学・生理学に

適った排便姿勢になるのです。すっきりと排便ができる日常は落ち着いた気持ちを生活にもたらします。

しかし介護の現場では，お手軽にできる「魔法」を求める傾向があるように思います。イライラ，ウロウロされている利用者がいたら，認知症の周辺症状である粗暴行為や徘徊行為ととらえ，落ち着いてもらうために笑顔で語りかけて，手のひらで体に触れて，優しくアロマをかがせて…なんていう場面を見かけると，「おいおい，まずはトイレにお連れしましょうよ」と私は思ってしまいます。

トイレにお連れするタイミングは，「便が出やすいゴールデンタイムを知っているか？」が決め手。副交感神経が優位な朝方，胃に食べ物が入って，胃－大腸反射が起こりやすい食後でしたね。そういった解剖学・生理学の知識が認知症ケアを支えるのです。ぜひ本書で紹介した解剖学・生理学の知識を導入しながら，ケアの基礎を固めていただけたらと思います。

トイレ以外の場所で排泄する利用者

マイラ：トイレではない場所でおしっこをしてしまう人がいらっしゃるのですが，どうしたらよいでしょうか。

ジュンコ：切迫性尿失禁などでトイレが間に合わない，失禁をしてしまう人かしら？それなら，肛門を閉めたり緩めたりする尿道括約筋体操が効果的ですが…。

マイラ：いえ，多分その人の場合は，認知症のためトイレの場所が分からないのだと思います。

リハ達人：**認知症の人に限らず，高齢者は住み慣れた自分の家以外のトイレがトイレと認識しづらいことがある**ようです。最近の施設のトイレは，明るくて広くて清潔なためか，高齢者にとってはトイレという感覚が持てないという話も聞いたことがあります。

マイラ：確かに日本のトイレはきれいすぎます！　日本に来た時びっくりしました。「こんなきれいなところで排泄してよいものなの？」と私だって思ったんです！

リハ達人：広い環境では排泄するには気恥ずかしいのかもしれません。昔のトイレは薄暗くて狭く，くさい場所でしたからね。

ジュンコ：今まで家で使っていたトイレと全く違うと分からなくなるのかしら。かえって和式のトイレの方が落ち着く人もいるのかもしれませんね。

リハ達人：**その人が使っていた家のトイレを知って，それに近い環境を整えることも大切**です。寝室を出て右側にトイレがあったという人は，習慣から寝室を出て右側に

認知症の人にはポータブルトイレが何なのか分からない可能性も！

向かってしまうものです。習慣に合わせた部屋の配置を考えてみることも必要です。

ジュンコ：まずは<u>「ここがトイレだ」という認識を持ってもらえるような環境設定を工夫していく</u>必要がありますね。

リハ達人：そうですね。ねぼけまなこで排尿してしまっているといった場合は，暗いので隅のあたりでしてしまっているのかもしれません。そんな場合は，人感センサーで照明がつく環境をつくるなどの工夫が必要です。

マイラ：もしかしたら「トイレ」という言葉が分からないのかも！

リハ達人：そういうことも考えられます。昔は「トイレ」とか「WC」などという表示ではなく，「便所」とか「厠(かわや)」という表示が多かったですからね。

　また，視野が狭くなることで，トイレの表示が見えづらくなっているかもしれません。トイレにお連れする際に，トイレのマークや場所が把握できているか確認してみましょう。

マイラ：トイレの場所に，「便所」と大きく書いた紙を利用者の目の高さに張ってみます。

ジュンコ：ポータブルトイレを使うのはどうなのでしょう？

リハ達人：<u>認知症の人の場合は，今まで置いていなかったものを設置しても，それをトイレと認識できないことも多い</u>です。ポータブルトイレを使用してもらうなど，新しい試みにトライする場合は，最初のうちは何度も手順を教えてあげる必要があるでしょう。

Point Check!
- ☑ その人が使っていた家のトイレを知って，それに近い環境を整えることも大切です。
- ☑ 「ここがトイレだ」という認識を持ってもらえるような環境設定を工夫していく必要があります。

> **達人のTweet** 安易に下剤を使わないで
>
> 　規則正しい生活，適度な運動，バランスの取れた食事の摂取，したい時にトイレに座る習慣が便秘を予防します。認知症の利用者は，このどれか（あるいは全部！）が崩れてしまっていることが多々あります。この場合，私たちはどこに問題があるのかを見極め，アプローチしていくことが必要です。
>
> 　介護現場では便秘になると，比較的容易に下剤が処方されます。しかし，下剤を服用すると，排便のリズムが崩れ，一度に大量の排便があった後，便秘と下痢を繰り返すなどということが起こりがちです。
>
> 　寝たままおむつに排便していた利用者でも，トイレに座って排便する習慣をつけることで，下剤が不要になる場合があります。できるだけ下剤に頼らず，本書で紹介している排泄ケアを駆使して，自然排便できるよう介護してみてください。

排泄しやすい姿勢づくり

リハ達人：キミたちは寝たまま排泄ってできますか？

マイラ：できません。

リハ達人：でも，在宅などで寝たきりの人などは，おむつで排泄している人が多いんですよ。排便のメカニズムの観点で言うと，寝たままの姿勢での排泄では，肛門まで便が上方に移動する力が必要となるため，便がしっかりと排泄できず，腸内に便が残ってしまうのです。直腸と肛門の角度をできるだけ直線にすることで便を肛門に送り込む直腸の力に重力がプラスされ，便の排出がスムーズになります（**図4**）。

マイラ：**図4**を見ると，寝たままだとすっきり排便できないことが分かりますね。便秘にもなっちゃいますね。

リハ達人：それに，常におむつを着けている状態だと，いつでも排便してよいという状況になるため，尿意や便意が失われやすくなります。

ジュンコ：そうなると，おむつ交換の際，毎回便で汚れている状態となって不衛生ですし，介護負担も大きくなってしまいますね。

リハ達人：座位をとり，重力に加え，腹圧の力，直腸の収縮，この3つの力を活用することで利用者の弱くなった排泄の力を呼び覚ますことができるかもしれません（**表**）。高齢者はただでさえ体力や筋力が低下しているので，3つの力がすべて使える環境設定，姿勢づくりが必要なのです。

ジュンコ：座って排便することを目指すかかわりが必要になりますね。

マイラ：介護はとにかく「座る」ということが大切なのですね。

リハ達人：便器に座って前かがみの座位をとれるように環境設定をしましょう。低めのテーブルに前腕を載せることで前かがみの姿勢が引き出せます。ファンレストテーブルは現場でお勧めの福祉用具です（図5）。

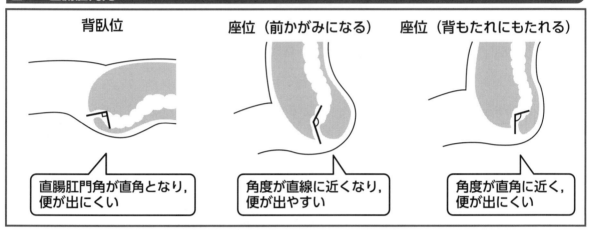

図4　直腸肛門角

表　排便に使いたい3つの力

①**直腸の収縮**：便を排出する直腸の生理的反射の力
②**腹圧**：前かがみの座位では，いきむ腹筋の力が発揮しやすい
③**重力**：直腸肛門角が直線に近づけば，重力が排便をサポートする

図5　排泄時の前かがみ座位をサポートするファンレストテーブル

高島屋スペースクリエイツ株式会社

> ☑ 排便のメカニズムを考えると，寝たままの姿勢の排便は非生理的です。座位をとり，重力，腹圧の力，直腸の収縮を活用することで排泄の力を呼び覚ましましょう。

達人のTweet
「ちょっと待って便秘」をつくらないで

　介護には「排泄最優先の原則」という言葉があります。トイレに行きたいという訴えがあったら食事をしていても，リハビリテーションをしていても，何を差し置いてもトイレにお連れすることを優先するべきです。

　もちろん「トイレに行きたい」と言われれば，すぐに対応しているという介護職もいますが，業務に追われたり，おむつ主体の介護を行ったりして，すぐに対応できているとは言えないケースも多いのです。

　「ちょっと待って」と言われて，利用者は待てど暮らせどトイレに連れて行ってもらえない…。本当に「ちょっと」で済めばよいですが，介護現場の「ちょっと」は利用者にとっては永遠と思えるぐらい長いことがあります。便意を我慢しているうちに直腸への糞便の貯留が常態化してしまうことで，「直腸性便秘」が起こります（図6）。筆者はこれを**「ちょっと待って便秘」**と呼んでいます（「ちょっと待って」と言われ我慢する→排便反射が消失する→直腸に便が溜まり便秘になる）。

　さて，この直腸性便秘には従来推奨されてきた水分・食物繊維の摂取，適度な運動といった対処法は効くでしょうか？　実は全く効果がないのです。それらは，大腸で便が停滞した「結腸性便秘」への対応なのです。直腸に溜まった便をすっ

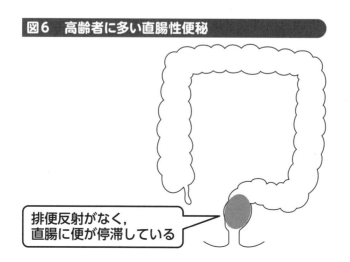

図6　高齢者に多い直腸性便秘

排便反射がなく，直腸に便が停滞している

きり出すことを習慣化しない限り，直腸性便秘は解消されないのです。

「便意の訴えがあれば，すぐにトイレにお連れする」。この「排泄最優先の原則」を実行してみてください。不適切な排泄ケアが原因で不穏になっている人，便意が分からず不快になりウロウロと徘徊していた人が一気に落ち着くはずです。

おむつをする？　しない？

ジュンコ：おむつをするか，しないかで迷う時もあります。どんな基準で決めたらよいのでしょうか？

リハ達人：立位や移乗が可能であればおむつに頼らないで，トイレの使用を選択すべきでしょう。しかし，意識レベルが低下して，寝たきりの人ならおむつで対応するほかないかもしれませんね。ただし，おむつを使用することによる弊害に注意が必要です。

マイラ：どんな弊害があるんですか？

リハ達人：おむつも最近は随分と改良が進んで高品質なものも出てきましたが，それでも，通常の下着と比べると蒸れやすいので，あせもやただれが発生しやすいです。それに，尿は吸収しても下痢便などは吸収しませんので，皮膚のトラブルになりやすいです。

ジュンコ：おむつを着けると便秘がちになるという話も聞いたことがあります。

リハ達人：念のために着けたはずのおむつなのにそれによって尿意や便意の感覚が薄れがちになる人も多いです。便秘になったり，おむつ内の不衛生な環境から尿路感染症や膀胱炎になったりする心配もありますね。

マイラ：おむつって怖いですね。

リハ達人：私たちは職業柄，利用者におむつを着けるということに疑問を持つことなく慣れてしまっています。しかし，利用者にとっておむつを着けられることは屈辱で，尊厳が崩壊することでもあります。精神的苦痛から，かえって介護負担が増すという場合も考えられますよ。

ジュンコ：分かります。尊厳が崩れて，依存心が高まったり，不安感から何度も職員を呼び止めたり，コールボタンを押す回数が急激に増えたりしたケースがありました。

マイラ：認知症の人の場合だと，おむつを外そうとしたり，便いじりをしたりといった行為もありますね。

ジュンコ：不快だから手で触るのだと思います。決して不潔なことをしようとして便

図7 介助すればトイレに座れる人にはリハビリパンツを！

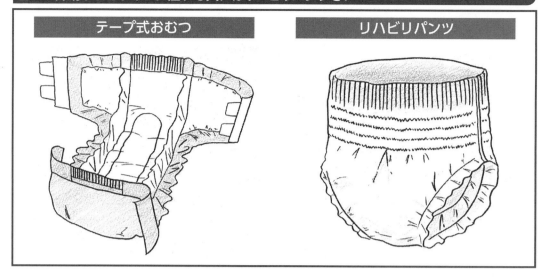

を触っているのではないのよね。

リハ達人：排泄はデリケートな問題です。利用者の自尊心を傷つけてしまうこともあるので留意が必要ですね。介助すればトイレで排泄できる，そんな人ならデイサービス利用中だけリハビリパンツを使用するというプランをお勧めします（図7）。

マイラ：おむつとリハビリパンツは違うのですか？

リハ達人：おむつはテープで留める形になっています。赤ちゃんのように寝ながらでないと着けるのは難しいです。リハビリパンツは普通のパンツと同じように，立ったまま脱いだり履いたりできる紙パンツです。

ジュンコ：自分で脱ぎ履きができるという点でいうと下着感覚で使用できるので，利用者にとって心理的な抵抗が少ないかもしれませんね。少しでも下着らしい形の方が抵抗も少ないでしょうね。

リハ達人：おむつやリハビリパンツにもいろいろな種類やサイズがあるので，使用する際は必ずチェックしましょう。サイズが小さすぎると腹部を圧迫して苦痛を与えてしまいますし，逆に大きすぎると排泄物が漏れ出てしまうこともあります。

- ☑ おむつはどんなに高品質でも皮膚トラブルを起こすリスクがあります。また，尿意や便意を感じにくくなる可能性もあります。
- ☑ 介助すればトイレで排泄できる人にはデイサービス利用中にリハビリパンツを使用することを検討しましょう。

④ 食事

食事は1日三度毎日行うもの。この日課を楽しく積極的に行えるものにすれば，それは素晴らしい機能訓練メニューとなります。食事を「つらい機能訓練」にしてはいけません。楽しくおいしく食べられる環境と身体づくりをする，そのかかわりが結果的に利用者が元気になる近道と言えるでしょう。

食事が認識できない利用者の生活障害を把握する

リハ達人：食事は利用者にとって楽しみの時間のはずですが，認知症の利用者や，中重度の利用者を介護していると必ずしも楽しい時間にはなっていないようですね。食事に食堂へ来てくれないなど，戸惑っているスタッフも多いようですね（表1）。

マイラ：Fさんは，食事の時間に「食事ですよ」と呼びかけても，「はいはい」と答えるばかりで，全然分かってくれないんです。

ジュンコ：Fさんは80歳の男性で，アルツハイマー型認知症と診断されています。

リハ達人：認知症の程度にもよりますが，対話が困難で「食事」という言葉が理解できない人もいるでしょうね。「食事に行きましょう」ではなく**「お父さん，夕飯の支度ができましたよ」**と声かけすると「おお，そうか」と腰を上げる人もいました。よく聞くと，奥さんが家ではそういう声かけをしていたということが分かったんです。

ジュンコ：目の前に食事が置いてあってもそれを「食べるもの」と認識していなくて，何が置いてあるのか分からないという場合もありますよね。

リハ達人：そうですね。「食べたくない」と言っているわけでもなく，目の前の食事に手をつけようとしないのは，目から入った情報を正しく認識できない「失認」という中核症状からかもしれません。

表1 食事場面でアルツハイマー型認知症の人に起こりやすい障害

・食事を認識できない（**失認**）	・途中で食べるのを止める（**集中力低下**）
・箸やスプーンをうまく使うことができない（**失行**）	・食べたことを忘れる（**記憶障害**）

マイラ：「食事ですよ」という呼びかけが理解できないFさんの場合，どうしてあげたらよかったのでしょうか？

リハ達人：認知症の症状も考えるべきですが，Fさんは，そもそも本当におなかが空いていたのでしょうか？

マイラ：えっ？　それは考えていなかったです。朝と夜が逆転していて，日中はいつも眠そうにしていますが…。

ジュンコ：Fさんには，まず生活リズムを整えて，食欲がわくような生活づくりが必要なんじゃないでしょうか。

リハ達人：そのとおり！「おなかが空いた，さぁ食べよう！」という状態をつくってから，食事の介助法や環境設定を考えないと本末転倒です。

マイラ：なかなか食べはじめない人にはどうしてあげたらよいのでしょうか？

リハ達人：食事動作が始まらない人には，最初だけ介助して食べさせてあげて，食べ物が口の中に入ってから箸やスプーンを持ってもらうと，自分で食べ始める人もいます。食べるという行為につながるきっかけづくりが大事です。

マイラ：なるほど。最初の動作のきっかけづくりをしていくわけですね。

リハ達人：ただし，食べ物だと認識できていない時は，介助して口に入れようとすると拒否する場合もありますので，無理強いは禁物です。

ジュンコ：タイミングを見計らいながら介助する必要がありますね。

リハ達人：ほかにも，便秘や睡眠不足で体調が悪かったり，虫歯や入れ歯の不適合があったりして不快感を感じている場合もあります。また，食卓についたのに食べはじめない場合などは，テーブルが高すぎて食べ物が見えていなかったということも考えられます。ほかにも，テレビの騒音が気になっていたり，イライラして食欲がわかない状態だったりすることも考えられます。

ジュンコ：単に「食べない」と結論づける前に，身体的，精神的な要因や，環境にも配慮する必要があるということですね。

Point Check!

- ☑ アルツハイマー型認知症の人の「食べない」原因として，失認，失行，集中力低下，記憶障害といった中核症状を理解しましょう。
- ☑ 認知症があって食べない人には，最初は介助して食事動作のきっかけづくりをしていきましょう。

その人の生活習慣や状態から食事を考えよう

リハ達人：生活リズムは人によってそれぞれ違います。とりわけ認知症の人の場合，昼夜逆転になってしまい，昼間のサービス利用中は寝ているだけ，そして，夜になると活動量が増える。そんな人もいます。これでは生活リズムが整わず，体内時計も乱れてしまいます。そうなると，昼食の時間にはおなかが空いていない，となるのは当然のことですね。

マイラ：昼夜逆転の人がいたら，生活リズムを整えていくことも私たちの大切な役割なんですね。日光を浴びて活動することで心地よい疲労が出て，夜眠くなる生活づくりを目指します。

ジュンコ：利用者の在宅生活を調べてみると，昼食の時間がずいぶん遅かったり，1日2食しか食べていなかったり，人それぞれですね。デイサービスで提供する食事の時間が，誰にでも合っているわけではないのですね。

リハ達人：施設やデイサービスではどうしても集団で一斉に行う日課が多いですよね。そんな中で，認知症の人に限らず「本人の普段の生活リズムに合わせた提供ができているのか？」，また「本人にそもそも食欲があるのか？」というところが気になります。

ジュンコ：確かに，おいしく食事をするためには，普段の生活リズムに合った時間帯に食べる方がいいだろうし，何よりおなかが空いている状態になっていないと食べたいとも思わないですよね。

リハ達人：施設やデイサービスの日課の中で，しっかり身体を動かす・頭を動かす・心を動かす→カロリー消費→おなかが減る……食事の前に，まずそういった取り組みができているかを考える必要があります。

マイラ：Fさん，私の体操に参加してくれるといいんだけど，集団行動が大の苦手で，一人でいることが好きなんです。

リハ達人：そんなFさんには，体操ではなく，好きな場所を散歩したり，好きな趣味活動などを用意して日課にしてもらったりするといいかもしれませんね。

ジュンコ：たしかFさん，畑仕事が上手だったんじゃないかしら。

マイラ：いいこと聞いた！　畑で一汗かけるといいかもしれないですね。施設の裏庭に小さな畑をこしらえましょうよ。

ジュンコ：ほかにはどんなことに気をつければよいですか？

リハ達人：認知症の人への食事ケアに正解はありませんが，気をつけるポイントはたくさんありますよ。例えば，食事の盛り付け方を考えてみてください。茶碗やお皿が別個になっているのと，ワンプレートで盛り付けられているのとどちらが食べや

図1　生活習慣や状態から盛り付け方を考える

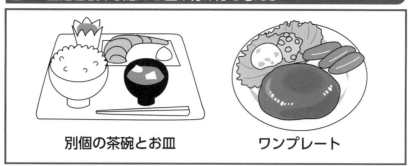

別個の茶碗とお皿　　　　ワンプレート

すいと思いますか？

マイラ：私は食べやすそうなのはワンプレートかしら？

ジュンコ：う～ん，高齢者の場合，今までの食事習慣で茶碗や小皿を使っていたなら別個になっている方がよさそうじゃないかしら。

リハ達人：その人のこれまでの生活習慣から考えてみるということが大切です。案外食べやすいと思っていたワンプレートが，実は本人の生活習慣には合っていなかったということも考えられます。ただし，認知症の人の場合，食器が多くて混乱してしまうなどといった時は，ワンプレートにまとめると集中して食べられる人もいるので，その人の生活習慣や状態に応じて対応していくことが大切です（図1）。

マイラ：分かりました。私たちも試行錯誤していくことが必要なんですね。

 **Point Check!**

☑ おなかが空いていないから食べない，という場合も多い。日課の中で身体を動かす・頭を動かす・心を動かす，そんな取り組みができているか見直してみましょう。

☑ 食事をする時間や盛り付け方など，認知症の人の生活習慣や状態を把握したサービス提供を心がけましょう。

食事を楽しみながら機能訓練ができる環境設定を！

リハ達人：利用者の生活機能や認知機能を高めるためにも，食事の場面で利用者が「受け身」になってしまうことはよくありません。「上げ膳・据え膳」も考えものです。

マイラ：上げ膳・据え膳？　難しい日本語ですね。

ジュンコ：待っているとご飯が運ばれてきて，食べ終わったら持っていってもらうことよ。

写真1　デイサービスでのバイキングの試み

マイラ：それ，施設やデイサービスでは当たり前なんじゃないですか？

リハ達人：そうなんだ！　でも，それを当たり前にしてしまわないで，利用者の生活機能が向上する工夫をしてみましょう。

マイラ：どういうことですか？

リハ達人：食事は自分で盛り付けて，食べたら自分で片付ける，そんな環境設定です。

マイラ：分かった！　バイキングですね。

リハ達人：そういうこと。バイキング形式（**写真1**）にすると食事に対する姿勢が変わります。食にまつわる記憶がぐっと上がるんです。

ジュンコ：分かる気がします。「お肉，好きだからたくさん盛り付けよう！」「酢の物は苦手」「秋ナスはおいしいのよね～」なんて言いながら食べたご飯は記憶に残りやすいかもしれませんね。

マイラ：それに，すごく食欲がわいてきそう。

ジュンコ：逆に，上げ膳・据え膳でごはんを片付けられたら，「はて，さっきは何を食べたんだっけ？」ってなるかもしれませんね。

リハ達人：バイキングを実践すると利用者から「先週のあれ，うまかった！」って1週間前のメニューだって覚えていることもあるんですよ。いかに自発的に食事をしてもらうことが効果的か，実感できると思いますよ。

Point Check!
- ☑ 上げ膳・据え膳の食事サービスを当たり前にしてしまわないで，利用者の生活機能が向上する工夫を考えましょう。
- ☑ 食事の提供方法としてバイキング形式も検討してみましょう。食事に対する意識が変わり，徐々に記憶力が向上します。

達人のTweet
食べたい時に食べたいものを

　「好きなものを食べたい時に食べてもらいましょう！」そんなことを言うと「栄養が偏ります」とか「体を悪くしちゃいますよ」なんて言う人がいます。現代の高齢者は，戦争や高度経済成長もあった激動の時代を切り抜けて長生きしてこられました。健康で適応力があったから，生き抜いてこられたんですね。
　「体を悪くする！」という心配は余計なお世話かもしれません。好きな時に好きなものを食べてもらう，ある程度の年齢なら，そんなスタンスでいいんじゃないでしょうか？　窮屈に制限して，食事が楽しくなくなってしまっているなら本末転倒ですよ。少し肩の力を抜いて，その制限を緩めると楽しくおいしく食べてくれる人が増えると思います。

食べやすい食事形態の工夫を

マイラ：Gさんは，いつも手づかみでご飯を食べてしまいます。無理に箸やスプーンを勧めても怒り出すし，困っています。

ジュンコ：Gさんは，76歳の男性で，前頭側頭型認知症と診断されています。食欲があって，食べてくれるのはいいのですけど，ほかの人の目もあって手づかみは控えていただきたいんですけどね。

リハ達人：前頭側頭型認知症の人の場合は，本人に悪気はなくても手で食べてしまったり，ほかの人の食事を食べてしまったりといった行動が出やすいようです。箸やスプーンなどをうまく使うことができない「失行」という中核症状が原因であることが多いです。
　他の人の食事を食べてしまわないように席の配慮や，使いやすい箸やスプーンなどまず福祉用具を考えます。それでも難しい時は，手づかみでも食べやすいものを用意してみてはどうでしょう。

マイラ：なるほど。手づかみで食べやすいのは…サンドイッチ，ハンバーガー，フライドチキン，あんぱん，おにぎり，お寿司！

リハ達人：さすが！　食べ物のことならアイデアがたくさん出ますね！　そんなふうにメニューを工夫して，手づかみで食べても不自然でないものを用意してあげる（図2）と，周囲の目を気にすることなく，落ち着いて食べてもらえるんじゃないでしょうか。

図2 手づかみで食べてしまう人には食べやすいものを用意するなどの工夫も必要!

ジュンコ：大事なことを忘れていました！

リハ達人：何ですか？

ジュンコ：手で食べやすい食べ物，まだありました。焼き芋を忘れていました！

リハ達人：どんなに大事なことかと思ったら，それですか……。

- ☑ 前頭側頭型認知症の人の場合，箸などがうまく使えずに手づかみで食事をしてしまうことが多いです。その場合は，使いやすい福祉用具も検討しましょう。
- ☑ どうしても手づかみで食べてしまう人には，手づかみで食べても自然なメニューを用意しましょう。

食事時間は落ち着いた環境を整えよう

マイラ：Hさんは，食事の時間に落ち着かず，人の動きや話し声に気が散って，ちっとも食べてもらえないんです。食事の動作ができる時もありますが，疲れてしまったら手が止まって，食事が進まないこともあります。

ジュンコ：72歳の男性で，Hさんもアルツハイマー型認知症です。

リハ達人：アルツハイマー型認知症の人の場合，「集中力が持続しない」という人は多いですね。「今何をする時か？」ということよりも，目の前で起こっていることに気が散ってしまって，食事を持続するのが難しい人がいます。テレビや騒音，人の動きに気をとられる人もいますし，壁の柄が気になって仕方がないという人もおられます。

図3　食事に集中できる環境設定

観葉植物や家具で少し視界を遮る

食事時間が長くなると疲労の原因になってしまいますから，自分で食べてもらう時間を決めて，それを過ぎたら，介助するようにするとよいでしょう。

マイラ：あまり気が散らないようにしてあげたいんですが…。

リハ達人：食事に集中できる環境づくりも工夫次第でいろいろ考えられますよ。自然な形で落ち着いた環境設定を考えていきたいですね。観葉植物や家具などで少し視界を遮ってみるといいかもしれませんよ（**図3**）。

ジュンコ：本人にとって，楽しくリラックスして食事ができる環境かどうかの確認は大切ですね。

リハ達人：あと，おいしそうに食べる人が目の前で食事をすることも効果的かもしれませんよ。

マイラ：目の前でおいしそうに食べている人がいると「自分も食べたい」ってなりますものね。

リハ達人：おいしそうにモリモリ食べるスタッフが必ず一人はいるでしょう（笑）。

ジュンコ：え，私のこと？

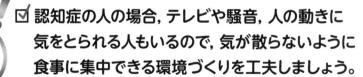

- 認知症の人の場合，テレビや騒音，人の動きに気をとられる人もいるので，気が散らないように食事に集中できる環境づくりを工夫しましょう。
- 人がおいしそうに食べる姿は食欲につながります。もりもりおいしそうに食べる人に，目の前に座ってもらいましょう。

嚥下動作の問題点を確認しよう

マイラ：認知症ではないのですが，食事中にすごくむせて，苦しそうになってしまう人がいます。

ジュンコ：Ｉさんのことね。79歳の男性で，脳梗塞の後遺症で右片麻痺があります。

リハ達人：嚥下動作は４つの相（プロセス）（図４）から成り立っていて，どの相に問題があるか見極めることが大切です（表２）。つまり，何でむせるのか，どんな時にむせるのかということを観察していくことが大事です。例えば，水分でむせるのか，食べ物でむせるのか，そして，姿勢や環境はどうかということです。

ジュンコ：Ｉさんの場合，どうも噛んで口の中で飲み込みやすい形にまとめること（食塊形成）が苦手のようです。

リハ達人：ということは４相のうち準備期に問題があるということですね。高齢になると，歯が欠けたり入れ歯に不具合があったり，噛む筋肉（咬筋）の筋力が低下し

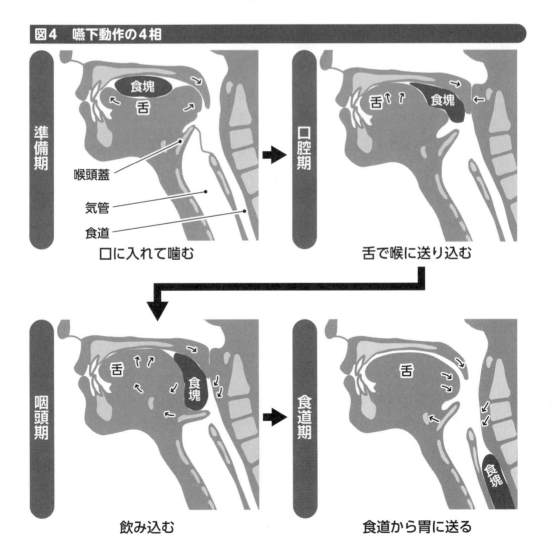

図４　嚥下動作の４相

たりするため，咀嚼がうまくいかなくなることがあります。噛んだり飲み込んだりする機能は，使わないとどんどん衰えてきます。唾液量の低下なども考えられます。

ジュンコ：一度，歯医者さん等専門医を受診するように勧めてみます。

リハ達人：誤嚥といっても，原因によって対応が異なります。まずは，誤嚥の原因を探ってみましょう。

マイラ：いろいろな視点から観察する必要があるんですね。

リハ達人：水分でむせる人も多いです。水分は一番嚥下が難しいですからね。水分にはとろみをつけて，本人に合ったとろみの加減を調べていくことが大切です。

ジュンコ：デイサービスで嚥下体操などを行って練習していくのもよいですね。

リハ達人：そう，嚥下体操は食事前には行ってほしいです。

マイラ：嚥下体操って？

リハ達人：飲み込む機能を活性化する体操です。「パタカラ体操」といって，パ行，タ行，カ行，ラ行を発音することで，唇，ほお，上顎，舌の動きを高める訓練があります（図5）。口や舌をしっかり動かすと，食事の進み具合がずいぶん違ってきますよ。

ジュンコ：でも，訓練に参加してくれない人はどうしたらよいでしょう？

リハ達人：自然な雰囲気でおしゃべりをしたり，笑ったりできるようにかかわってください。きっとそれが一番よい訓練です。

マイラ：私たちからもっと話しかけてあげたらよいですね。

ジュンコ：嚥下機能が低下しているかどうかを見

図5　パタカラ体操

表2　誤嚥リスクの確認項目

姿勢…崩れると食べにくい。誤嚥のリスクも高まる
食べ物の大きさ…習慣的に大口で一気に食べていないか
食器や箸・スプーン…食べやすい福祉用具を使っているか
噛む動作（咀嚼機能）…口や顎の筋力が衰えていないか
歯の状態…歯が欠けていないか，入れ歯が合っているか
舌の動き…食物を最終的に運んで嚥下する機能が保たれているか
唾液の量…食物を唾液と混ぜて食塊をつくれるか
好き嫌い…そもそも好きなものを食べているか

資料　嚥下機能の評価：「飲み込みテスト」

反復唾液嚥下テスト（RSST：Repetitive Saliva Swallowing Test）とも言う。

30秒間に連続して唾液を飲み込んでもらい，3回嚥下できなかった場合は，嚥下機能が低下していると考えられる。3回以上なら問題なし。

「30秒間でできるだけ何回もつばを飲み込んでください」と指示し，のど仏のあたりに指を当てて嚥下の有無を確認する。

　　極める方法はありますか？

リハ達人：嚥下機能を簡単に評価する方法として，「飲み込みテスト」があります（**資料**）。食べ物が口に入ってない状態で，唾液を飲み込むことを「空嚥下」と言います。空嚥下はデイサービスでも実施しやすい訓練です。

ジュンコ：でも，嚥下反射がなかなか起こらず，空嚥下が苦手な人もいますね。

リハ達人：そんな人にピッタリなのが，食事の前に行う嚥下体操として「氷なめ訓練」というのがあります。

マイラ：氷なめ訓練？　どのようにするんですか？

リハ達人：小さい氷を口に含んで，溶けてきた水を飲み込む。これだけです。嚥下反射が起こりにくい人でも，氷の冷たさが刺激になって嚥下反射が誘発されます。

マイラ：ジュースを凍らせたものでもいいんでしょうか？

リハ達人：糖尿病などがなければそれもいいですよ。医師と相談して実施してください。

Point Check!

☑ 食事をしていてむせる人の場合，嚥下動作のどのプロセスに問題があるか見極めることが大切です。

☑ 誤嚥の原因はさまざま。原因を見極めて対応していきましょう。

☑ 嚥下体操を食事の前に行ってもらいましょう。訓練に参加してくれない人には，おしゃべりをしたり笑ったりすることが一番よい訓練になります。

安易な食形態の変更にご用心！

ジュンコ：Iさんの場合，食事の形態を変えた方がいいんでしょうか？

リハ達人：食事形態を変更して食べやすくすることは可能です。しかし，噛まずに飲み込める食事には注意が必要です。

マイラ：どうしてですか？

リハ達人：噛むことで食物が唾液と混じる，味が分かるといった脳への刺激があるわけですが，噛む必要がなくなると，そういった食事に内包される脳への刺激が失われてしまいます。

ジュンコ：食事形態を変えることで飲み込みやすくなったけれど，認知症状が進行してしまったということがないように配慮が必要ですね。

リハ達人：そうですね。嚥下体操をして咀嚼・唾液の分泌・嚥下反射の機能を活性化しているか，「飲み込みテスト」をして嚥下機能の向上を図っているか，好きなものを食べてもらっているか，よくおしゃべりをしているか，口腔ケアで清潔な環境を整えているか，安易に食形態を変更する前にこれらのことを考えてみてください。それでも食形態の変更が必要であれば，とろみをつける，ソフト食にする，ミキサーにかける，などの対応がよいでしょう。

マイラ：安易に食形態を変えがちですが，その前にどの部分の機能が落ちているかをしっかり見極めてアプローチしていくことが大切ということですね。

リハ達人：デイサービスの利用者で特に独居の人の場合，しっかり食べることができているかといった食事量を見てくださいね。デイサービスは食事量がしっかりチェックできるのが強みです。

ジュンコ：独居の人なら，ホームヘルパーや配食サービスのスタッフが見ることもできるんじゃないですか？

リハ達人：ホームヘルパーは食事をつくってくれるけれど，本当に食べているところは見ていないかもしれません。配食サービスも弁当箱がきれいに洗ってあるからといって，ちゃんと全部食べたとは判断できませんよね。

マイラ：弁当箱がきれいなのは，中を捨てて処分しているだけかもしれないということですね。

リハ達人：栄養摂取ができていないのに，やれ機能訓練だ，と言っても効果がないですからね。

ジュンコ：そう考えると食事は大事ですね。

- 食事形態を変更し食べやすくなっても、以前より噛む機能が落ちてしまった、認知症状が進行してしまったということがないように配慮が必要です。
- 安易に食形態を変える前に、食事のどの機能が落ちているのかをしっかり見極めましょう。

達人のTweet 食事の改善で「フレイル」の悪循環を防ごう

　最近「フレイル（Frailty）」という言葉をよく耳にします。高齢者が要介護状態に陥るその前の段階で、「脆弱」な状態を指します（図6）。

　フレイルの診断基準は、「1．体重が減少，2．歩行速度が低下，3．握力が低下，4．疲れやすい，5．身体の活動レベルが低下」となっており、このうちの3つ以上が当てはまればフレイルの疑いがあるとされています[1]。利用者に、こういったサインがあれば、早めに気づいてあげてください。

　体力や筋力が低下すると買い物に出かけることがおっくうになり、人と接する機会が減ったり、食生活のバランスが悪くなったりして、ますます体も衰え、認知機能も低下するといった悪循環が起こります（図7）。これがフレイルの怖い

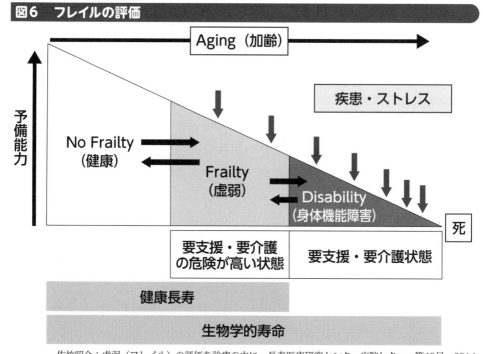

図6　フレイルの評価

佐竹昭介：虚弱（フレイル）の評価を診療の中に，長寿医療研究センター病院レター，第49号，2014．

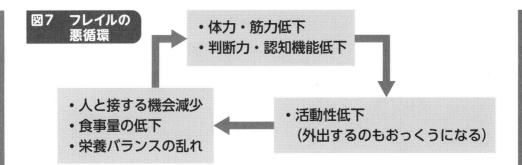

図7 フレイルの悪循環
・体力・筋力低下
・判断力・認知機能低下
・活動性低下（外出するのもおっくうになる）
・人と接する機会減少
・食事量の低下
・栄養バランスの乱れ

ところです。

しかし，このフレイルの概念には，適切なアプローチがあれば，「再び健常な状態に戻る」という可逆性が含まれています。フレイルに陥った高齢者に早期に気づき，生活機能の維持・向上を図ることが大切です。

体重減少が診断基準の一つとして挙がっていることからも，食事はフレイルを予防する意味でとても大切なものであることが分かります。

お箸をあきらめないで！

マイラ：自分でご飯を箸やスプーンで口に運ぶんだけど，届かなくてこぼしてしまう利用者もいます。

ジュンコ：Ｊさんがそうですね。77歳の女性で，関節リウマチのため腕の可動域に障害があります。

リハ達人：手の麻痺や変形，疼痛などで箸やスプーンが上手に持てない人のための福祉用具，アイデア商品はたくさん出ているので，いろいろ試してみてください（**写真2**）。

マイラ：便利なものがあるんですね。

リハ達人：片手で食べやすいようにヘリが立ち上がっていて返しがついているお皿なんていうのもあります。

ジュンコ：介護用品のお店やカタログを見ると，高齢者や障害者向けの便利用品や介助用品がたくさん売っていますよね。

リハ達人：フィリピンにも日本の介護用品は売っていますか？

マイラ：電化製品や車はありますが，介護用品は見たことがありません。

リハ達人：電化製品，車，絵画，工芸品など日本のものづくりは世界に認められていますね。また，日本人外科医の縫合がきれいなのも評判なんですよ。こういった日本人の器用さは「箸の文化があるからだ」とも言われています。

マイラ：フィリピンの食事ではスプーンとフォークを使うことが多いです。箸は，最

写真2　食事補助用品

| 補助付き箸（箸の助） | 箸につける補助クリップ（楽々箸） | 曲げられて握りやすいスプーン・フォーク（バルーン） | 返し付きの食器 |

2本がくっついているので，ピンセットのように箸の先を合わせることができる。

今使っているお気に入りの箸につけて使うことができる。

口に入れやすい方向にスプーンの先を曲げて使う。

ヘリが立ち上がっているので片手で食べやすい。

図8　大脳運動野

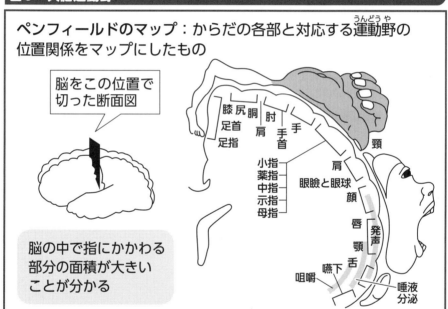

ペンフィールドのマップ：からだの各部と対応する運動野（うんどうや）の位置関係をマップにしたもの

脳をこの位置で切った断面図

脳の中で指にかかわる部分の面積が大きいことが分かる

初は苦手だったわ～。

ジュンコ：最初は下手だったけど，マイラ，今は箸の使い方が上手よね。

リハ達人：箸で食べる動作は，各指の連動した細やかな動きが必要です。箸を日常的に使いこなしているのと，フォークで突き刺して食べるのとでは，明らかに指の動きに差が出てきます。

　大脳の運動野で，一番面積が広いのは指に関する部分です（**図8**）。すなわち，指を細やかに動かすと脳の大きな範囲を活性化することができます。

ジュンコ：認知症予防にこれを使わない手はないですよね。

写真3　箸を使えるようにする機能訓練

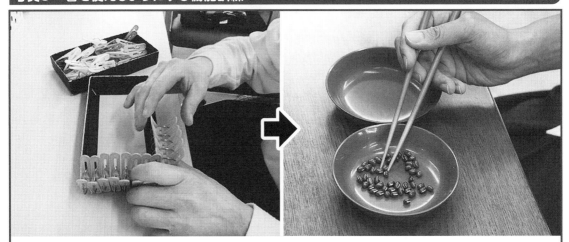

箸を使う前段階の人は，洗濯バサミなどでピンチ動作（つまむ動作）を練習しましょう。慣れてきたら，箸の実践的な練習をしていきます。

リハ達人：介護現場では，食事動作が困難になってくるとすぐにスプーンに変えてしまう対応をよく見かけますが，できるだけ箸を使うことをあきらめない，という姿勢は持っていてほしいです（**写真3**）。

ジュンコ：ケアの心得として，指を細やかに使う動作を守っていくという気持ちでかかわっていきたいと思います。

- ☑ 箸やスプーンがうまく使えない利用者には，介護用品の使用を試みてみましょう。
- ☑ 箸で食べる動作は脳の活性化につながります。安易にスプーンやフォークに変更しないように配慮しましょう。

達人のTweet　「食べること」を大切にしたかかわりをしていますか？

「リハビリテーション」と言うと機能訓練と考えがちですが，体を動かす基礎は栄養です。まずはしっかりと食事が摂取できているかを考えましょう。ろくに栄養が摂れていないのに機能訓練をしても，効果は期待できません。食べることは生命を維持するための根本ですので大切にしなければなりません。

図9　食事介助に臨む姿勢の違い

①
早く終わらせたいムード。おいしく食べてほしいという気持ちが伝わってこない。

②
おいしく食べてほしいという気持ちが介助にも表れている。

　そういった視点で食事介助もしてほしいのですが，不適切な食事介助も見かけます。例えば，スプーンを持つ手を見るだけでも，職員の食事介助に臨む姿勢が見えることがあります。**図9－①**のように突き出すような介助だとどうでしょう？これではおいしく食べてほしいという気持ちが伝わりませんね。仕草に温かさがないでしょう？

　一方，おいしく食べてほしいという気持ちが介助に現れている人もいます。**図9－②**のようにまず向かい合う姿勢をとり，相手の動きや表情を見ながら，スプーンを運んでいるのです。

　介助に臨む姿勢でその人の元気が大きく変わります。利用者の座位姿勢も大切ですが，私たちの「**介助姿勢**」も見直す必要があるのです。

引用・参考文献
1）厚生労働省：日本人の食事摂取基準，2015年版．
2）佐竹昭介：虚弱（フレイル）の評価を診療の中に，長寿医療研究センター病院レター，第49号，2014．

⑤ 入浴

「日本人はお風呂好き」と言われます。日本は水が豊富で活火山の島国なので，温泉があちこちにわいています。湯船に張った温かい湯につかるという習慣は，日本独自の文化です。そうすることで身体を癒してきた民族なのです。認知症や身体機能の低下があったとしても，日本ならではのこの「入浴」という生活習慣を大切にし，それらを生活動作のケアに生かしたいものです。

入浴を嫌がるのはなぜ？

マイラ：お風呂がとても大切にされているのは，日本ならではの風習ですね。私たちフィリピン人はシャワーを浴びることができればそれでいいけど，日本の人はお風呂じゃないとダメって言いますね。私，入浴介助をもっとうまくなりたいです。

ジュンコ：湯船につかって疲れを癒す生活様式は，日本ならではと言えるでしょう。お風呂に入って「極楽，極楽」って言ってもらえたらうれしいものね。

マイラ：でも，入浴するのを嫌がる利用者にはどうしたらいいんでしょう？ 無理強いはしたくないのですが，お風呂に入ってさっぱりしてほしいです…。

リハ達人：認知症の利用者の中には，入浴を嫌がる人は多いですね。特に「人の世話になりたくない」なんて思っているタイプの人に多いんじゃないでしょうか。

マイラ：頑なに嫌がって，しつこく誘おうものなら怒り出す人もいれば，「家で入ってきたからいいわ」など，いろいろ理由をつけて入らない人もいます。

リハ達人：**入浴を嫌がる理由も人それぞれです**ね。さっき言った「人の世話になりたくない」という心理状態もあるし，あるいは人前で裸になるのが嫌なのかもしれません。更衣や洗髪など入浴の手順が分からなくなってしまい，不安になっているのかもしれません。

ジュンコ：レビー小体型認知症の人の場合だと，妄想があって「浴室に誰か入っている」とか「この水は悪い病気になる」などと言って入浴を嫌がる人もいます。

マイラ：どうしてお風呂に入りたくないのか，優しく理由を聞いてあげて，不安を解消してあげたいです。

リハ達人：デイサービスなどでは，朝や昼間に入浴してもらうということが多いんじゃないでしょうか？

ジュンコ：そうですね。朝，施設に到着して看護師さんにバイタルサインを測ってもらった人から，順番にお風呂に入ってもらっています。

リハ達人：デイサービスではそれが当たり前のようになっている傾向があるけれど，本当にそれが当たり前なんでしょうか？

ジュンコ：言われてみれば，日本人の場合，一般的には夜にお風呂に入ることが多いですよね。

写真1　気持ちよくお風呂に入ってもらうために

生活習慣に近いお風呂に入ってもらいたいという思いを持った職員が改革を開始

リハ達人：認知症の利用者の場合，朝や昼間から入浴するということを理解できない人もいるかもしれませんね。その利用者の生活習慣をしっかり知ることで，入浴がうまくいく場合がありますので，まずは，本人の入浴習慣を家族にも聞いてみましょう。**お風呂に入っていた時間帯，家のお風呂の環境，手順などを知って，施設のお風呂をできるだけその人の生活習慣に近づけていきましょう**（写真1）。

ジュンコ：デイサービスの場合，時間はどうしても夜にはできないけれど，ほかの環境を工夫することはできます。体操で体を動かしたり，畑仕事をして疲れた後に「お風呂に入りましょう」とお誘いした方が，生活習慣に合っているかもしれないですね。

マイラ：それに，広い脱衣所や大きな浴室を見て，「これはお風呂ではない！」と思う人もいるかもしれませんね。

リハ達人：最近では，大浴場だけでなく，個浴を設置する施設も増えてきています。

Point Check!

- ☑ 認知症の利用者で，入浴したがらない人は多いですが，その理由は人によってさまざまであることを理解しましょう。
- ☑ その利用者の生活習慣を知った上で入浴の環境を工夫すると，お誘いがうまくいく時があります。

達人のTweet フロフェッショナルになろう！

「認知症があって入浴を拒否される」という場合，「どう誘導するか？」だけに知恵を絞っていないでしょうか？「服が汚れているから脱いで！」なんて…，だましている感が否めないですね。そうではなく，本人や家族の話などから，今までどんなお風呂を好んだのかを探ることをお勧めします。お湯の温度はどのくらいで，何時ごろ入っていたか，身体を洗ってから入るのか，先に浴槽につかるのか，風呂上がりのビールは好きかなど…，そんな視点を持って，その人らしい，リラックスした入浴とは何かを考えてみてください。

入浴はとてもデリケートでプライベートな時間のはずです。そういった十人十色の入浴を考えて用意していくことが，「こんな風呂ならまた入ろう！」という気持ちの変化につながっていくものです。記憶障害があっても，いい気持ちだった，嫌な気持ちだった，そんな「感触」は残っています。

その人らしいお風呂が用意でき，また入りたくなる…そんな入浴ケアができる人を私は「フロフェッショナル」と呼んでいます。ぜひ「フロフェッショナル」を目指して頑張っていきましょう。

シャワーや蛇口が使えない？

ジュンコ：今どきのお風呂は，いろいろな機能があったり，温度設定のできるシャワーやレバー式のコックなど新しいデザインのものがついていますね。認知症の人は特に，そのようなお風呂に混乱して分からなくなってしまう人もいるようです。

マイラ：家でシャワーを使った経験がないという人もおられましたよ。「ワシは洗面器で湯船のお湯を汲んで，ザーと頭からかけるほうがいいんじゃ」っておっしゃっていました。

リハ達人：昔の道具の使い方しか記憶に残っていない認知症の利用者にとっては，最新式のものは使いにくいかもしれませんね。見守りながら，難しいところは介助しましょう。もし可能なのであれば，高齢者が昔使っていたタイプの蛇口を1カ所用意してみるのも一つの方法です（図1）。

マイラ：浴室に昔ながらの湯桶を置いておくのもいいかもしれませんね。

ジュンコ：それ，いい考えね。

図1　昔の道具を取り入れたお風呂環境をつくる

湯桶を置いて
お風呂場を演出！

昔のタイプの蛇口に
取り替えてみる

Point Check!

☑ 認知症の利用者の場合，最新式のお風呂では混乱する可能性があります。蛇口を昔のタイプに取り替えたり，湯桶と手ぬぐいなど昔ながらのお風呂環境を演出することも大切です。

達人のTweet　天ぷら式浴槽

　病気をして，「もう前のように湯船につかることはできない」とあきらめている人はたくさんいます。そんな人を機械のお風呂で，ウィーンジャブジャブって入れていませんか。私は，あれを『天ぷら式浴槽』って呼んでいます。またの名を『人体洗浄機』。あのお風呂に入れられて，介助者に上から見下ろされゴシゴシ体を洗われると…「あぁ，身体が弱ったら，もうこんな風呂にしか入れないのか」と気持ちが沈んでいくのではないでしょうか。

　多くの日本人にとって，温かい湯に肩までつかってフーッとひと息ついて，その日の疲れを癒す，それが生活習慣として根付いています。熱めがいいか，ぬるめがいいか，寝る前に入るか，そういった，その人らしい『入浴タイム』をつくることが大切だと思うのです。

　目の前にいるこの利用者はどんな人生を送ってきたのか，どんなお風呂で身体を癒してきたのか，そういったことを知らずして「入浴拒否」とか「不穏」とか，そんな一言で片付けたりしていないでしょうか？

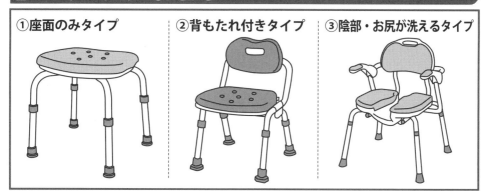

図2 シャワーチェアーもいろいろ
①座面のみタイプ　②背もたれ付きタイプ　③陰部・お尻が洗えるタイプ

浴室で立位がとれない利用者

マイラ：筋力が低下していて，立位がとれない利用者の場合，身体を洗うことや，浴槽の出入りが難しいです。

リハ達人：入浴は生活動作の中で一番難しい動作です。とりわけ車いすで生活している人の場合，『床にお尻が着く姿勢』をとることはなく，1日のうちで唯一，浴槽に入っている時のみ，お尻が床に着くのです。しかも浴槽は滑りやすく，浴槽からの立ち上がりや出入りはとても難しい動作なので，多くの人はそれに恐怖感を覚えます。

ジュンコ：利用者に安心して入ってもらうためには，介助者のサポート力が問われますね。

リハ達人：入浴時は基本，立位は避けて座位姿勢をとるようにしましょう。入浴用いす（シャワーチェアー）（**図2**）を使って身体を安定させて，体幹を左右に倒すことでお尻を洗うことが可能です。座位保持が保ちにくく身体が傾きがちな人の場合は，背もたれや肘掛けなどが付いているものを使用すると安定しますよ。座位が安定したら，体を部分的に洗えたり，蛇口に手を伸ばせたり，できることが増えていきますよ。

ジュンコ：浴室は滑りやすいから，転倒に気をつけないといけませんね。

マイラ：座って洗うことが基本ですね。でも，浴槽の出入りの際は，立ち上がって浴槽をまたいでもらう必要がありますよね。

リハ達人：立位がとれなくても，浴槽の出入りをしてもらうことは可能ですよ。そのためには，きっちりとした環境設定と介助が必要ですけどね。

マイラ：え，立ち上がってまたがなくてもお風呂に入れるんですか？

リハ達人：浴槽と同じ高さのシャワーチェアーを置いて，必要に応じて壁や縁に手すりをつけると，座位から足を浴槽に入れる方法で浴槽につかることが可能です（**図3**）。

図3　お風呂も座れると入れる！（半埋め込み式浴槽）

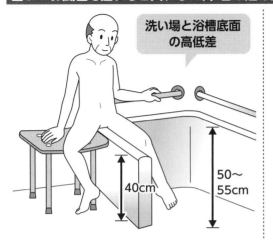

図4　安全に入浴するための環境整備

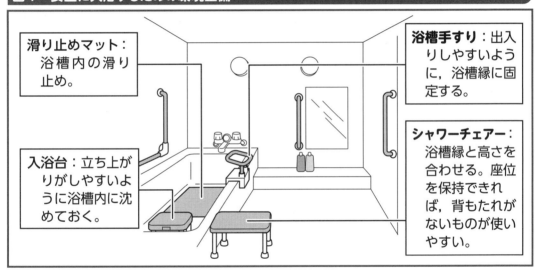

　そんな環境をつくって入浴動作の訓練をしていくとよいですね。

ジュンコ：ユニットバスなどの場合，壁に手すりが付けられないことがあると思うのですが…。

リハ達人：そんな時は，浴槽の縁に取り付ける浴槽用手すりを利用します（**図4**）。

マイラ：便利なものがあるのですね。

ジュンコ：浴槽につかる時に工夫できることはありますか？

リハ達人：浴槽内では身体が浮きやすいので，不安定にならないよう注意が必要です。浴槽内で滑ってバランスを崩すと，思わぬ事故につながる危険があります。手すりにつかまり，浴槽内にもいすを用意して身体を安定させましょう。滑り止めマットを浴槽内に敷く方法もあります。滑り止めマットは，吸盤タイプなどは浮いてしまいやすいので，比重が大きい沈むタイプがおすすめです。

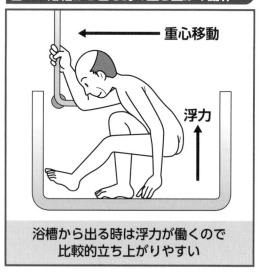

図5　浴槽から出る時の立ち上がり動作

重心移動
浮力

浴槽から出る時は浮力が働くので比較的立ち上がりやすい

図6　浴槽内で足が伸びきらないようにする工夫

マイラ：滑り止めマットはいろいろな場面で使いますね。洗い場で立ち上がりの際にも敷くことがあります。

ジュンコ：浴槽内のいすの高さはどれくらいが適当でしょうか？

リハ達人：10cm程度の低いものがおすすめです。

ジュンコ：10cmじゃ低くないですか？

リハ達人：あまり高すぎると肩までつかれませんし，お湯の中は浮力があるので10cm程度でも十分立ち上がり動作のサポートになりますよ。

ジュンコ：下肢筋力の低下した人は浴槽から出る際，立ち上がり動作が困難かと思うのですが…。

リハ達人：浴槽から出る動作は，浴槽から前かがみの姿勢をとることで「浮力」が働きますので，お尻が浮いて立ち上がりやすくなります（図5）。手すりは重心移動がしやすいように，身体の前方に設置した方がよいでしょう。

ジュンコ：入浴中の死亡事故もよく聞くので，見守りは必要ですよね。

リハ達人：そうですね。特に浴槽内では足が浮いて，頭が沈んでしまうことで溺死したケースが報告されています。浴槽の中で身体をコントロールすることは難しいものです。

マイラ：足が浮いてしまうのを防ぐ方法はありますか？

リハ達人：浴槽の形によっても滑りやすさが違います。洋式の浴槽の場合，背もたれにもたれて足を伸ばすと，足が浮きやすいです。背もたれが直角で足が曲がって浮きにくい浴槽が望ましいです。それでも浴槽内の姿勢が不安定な場合の対策としては，滑り止めマットを敷いたり，入浴台を設置したり，足が伸びきらないよう支えられる台を沈めたりするとよいでしょう（図6）。

ジュンコ：中重度の人の入浴介助では，転倒などに注意しながら，身体機能に合わせた入浴方法を選択していくことが大切ですね。

リハ達人：そうですね。安全性とできる動作を大切にすることのバランスが重要です。

マイラ：特殊浴槽で入浴させたり，リフトに乗せて入浴させたりする前にできる動作を見極めたり，環境を整えたりする工夫ができますね。

- 入浴用いす（シャワーチェアー）は，利用者の身体能力に合ったものを選びましょう。
- 浴槽と同じ高さのシャワーチェアーを置くことで，楽に浴槽に入ることができるようになります。
- 浴槽内では身体が浮きやすいので，身体を安定させる環境を工夫しましょう。

達人のTweet テルマエ・ロマエに学べ

「テルマエ・ロマエ」という漫画をご存じでしょうか？ 映画にもなりましたよね。この漫画のルシウスという主人公は，ローマの公衆浴場の設計を任されて，思い悩むあまり，日本の銭湯にタイムスリップしてしまいます。そこで日本の奥深いお風呂文化に巡り合います。

外国人が憧れている日本の入浴文化を，日本人である私たちがないがしろにすることなく，ニッポンの入浴ケアをしていきたいものです。「介護の醍醐味はお風呂にあり！」です。

入浴動作を想定した機能訓練

リハ達人：家庭では浴槽をまたいで入浴している人も多いですね。そこで，入浴動作を想定した機能訓練を紹介します（**資料**）。

- 利用者に入浴動作を想定した機能訓練を実践してもらいましょう。

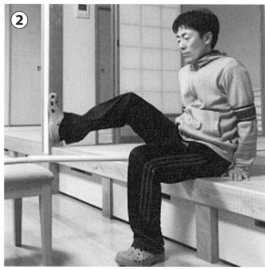

①座位から浴槽をまたぐ動作を行う時，股関節が柔軟に動く必要があるので，股関節を屈曲させる柔軟体操をしてみましょう。

②座位のまま浴槽のふちをまたぎ越す練習として，棒などを置いて当たらないように足を上げます。

③シャワーいすから浴槽に近づく時などを想定して，座位でお尻を横に移動する体操です。

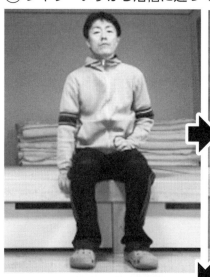

腕を支えにしながらお尻を上げる。

お尻の位置を横に移動させる。

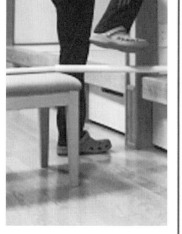

④
立位で浴槽のふちをまたぎ越す練習です。棒などを置いて当たらないように足を上げてまたぎます。

資料　入浴動作を想定した機能訓練

入浴時には全身観察とストレッチを!

ジュンコ：入浴時に本人も覚えていない打撲痕が見つかることがあります。

リハ達人：認知症の利用者の場合，どこかで転倒したり，身体をぶつけたりしていても，それを忘れていることがあります。服を脱いで，全身を観察する機会があるのは入浴の時くらいですので，打撲の跡がないか，湿疹がないか，床ずれがないかなど，皮膚の状態のチェックが必要です。

マイラ：腕の拘縮があって洗いにくい利用者がおられます（**写真2**）。

リハ達人：入浴時は体が温まり，筋肉がほぐれている状態です。浴槽内でマッサージしながら，拘縮の原因である筋肉の短縮を少しでも緩和できるようにストレッチをしましょう。腕や手を洗う時も，脇・股・指先など皮膚が合わさっているところが不潔になりやすいので，少しずつ関節を伸ばして，しっかり洗うようにしましょう。肘と手首を曲げることによって，筋肉を緩め，指を伸ばすことができますよ。

ジュンコ：介助しながら身体機能にアプローチする方法。これぞ生活リハビリですね！

マイラ：手を伸ばそうとしたら「痛いから触らないでくれ！」と言っていた人が，お風呂で体を動かすと「極楽，極楽」って気持ちよく触らせてくれました。

リハ達人：そうです。機能訓練がそぐわない人なら，それと分からないストレッチメニューをお風呂で実施していくのです。脱衣場で服を着る時に肘や膝を伸ばすなどの生活行為とからめて，関節を伸ばしていくとよいでしょう。入浴時に何げなく悪化を防ぐ機能訓練ができる人は『生活リハビリの達人』です（**図7**）。

写真2　拘縮して固まった腕

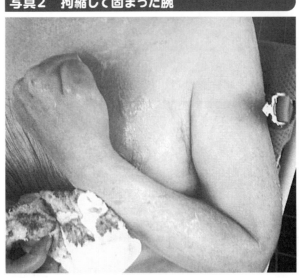

図7　日課の中でできる関節のストレッチ

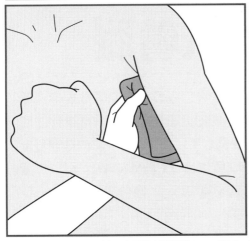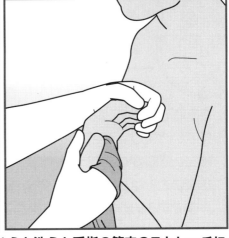

脇を洗うと肩関節の可動域訓練に，手のひらを洗うと手指の筋肉のストレッチに

- ☑ 利用者の入浴時は，皮膚の状態に異常がないかチェックしましょう。
- ☑ 入浴時は体が温まり，筋肉がほぐれているので，関節が伸ばしやすくなっています。不潔になっている箇所を洗い，固くなりやすい関節を伸ばすことにも配慮しましょう。

達人のTweet　利用者の生活に寄り添ったリハビリを

　脳梗塞の後遺症などで10年以上もの療養生活を経て，関節が曲がり固くなる「拘縮」の状態になっている人を多く見かけます。10年もたつと「プラトー」と言って，機能回復は難しい状態になります。

　時間が経過した拘縮の症状に対しては，元に戻すようにリハビリテーションするという視点ではなく，『生活の視点』が必要です。関節拘縮した手のひらは，汗をかいて垢がたまって夏場は特ににおいます。ある介護職から「**この人の手が臭くなってきている，清潔なのかな？**」という何げない質問がありました。この一言によって，リハビリ職である私自身，機能回復のためだけでなく，清潔を保つためにも手指のストレッチが必要だと気づかされました。もちろん関節拘縮を緩和することは，更衣動作のしやすさにもつながります。

　介護施設などで行う生活期のリハビリテーションでは，身体機能を向上する，体を元に戻すリハビリテーションを考える以上に，「清潔を保つ」「生活動作の苦痛を軽減する」といった『生活の視点』を考えてかかわる必要があるのです。

⑥ 整容・更衣着脱

整容や衣服の着脱動作は，複雑なものから単純なものまでさまざまな動作があります。何が自分でできるか細かく段階を分けて見ていきましょう。できることまで介助してしまうと自立につながりません。認知症の程度や身体機能の状態によって自分でできること，できないことは異なります。できることを見つけて，自分で行ってもらうようにするには観察力が必要なのです。

衣服にまつわる生活目線

リハ達人：更衣動作には生活上，いくつかの重要な意味があるのですが，何だと思いますか？

ジュンコ：清潔な服に着替える，好みの服を着る，季節に合わせた服を着る…。

リハ達人：そうですね。でも，認知症の人の中には「見当識障害」という症状から季節が分からなくなって，夏なのに真冬のセーターを着てしまっていたり，不潔なものを何度も着てしまったりすることがあります。

マイラ：夏にセーターを着ているのは，寒いからというわけではないのですね。

リハ達人：**季節や気候に合った服を選ぶことを考える力が衰えているということに配慮が必要**です。

マイラ：季節が分からない人にはどんな工夫をすればよいでしょうか？

リハ達人：難しく考える必要はありませんよ。**季節を感じる機会が減っている**ということも考えられますので，まずは屋外に出て季節を感じてもらいましょう。

ジュンコ：「暑いですね」「寒いですね」と時候の挨拶を言い合うことが大事なんですね。

リハ達人：施設内の季節感は演出できているでしょうか？ 例えば，シーズンにぴったりのお雛様やひまわり，紅葉の絵などが飾ってあると季節を意識してもらいやすいでしょう。レクリエーションの時間に季節行事の飾り物などを作成して，それを皆で飾って，折に触れて季節の話題をしてみましょう。

ジュンコ：入浴などの際の更衣室に，その作品が見えるように飾っておくのもよいですね。季節を感じて着替えをすると，服選びの声かけも自然にできると思います。

リハ達人：あと屋外に出る機会をたくさんつくりましょう！

マイラ：日本の四季は美しいですもんね。桜を見たり，セミの抜け殻を手のひらにの

せたり，稲の生長を観察したり，雪に触れてみたり…。

リハ達人：季節感を感じていただくには，そういうことが大切ということです。毎日行うデイサービスの送迎は，季節を感じていただくチャンスですね。

- ☑ 認知症の人は見当識障害から，季節に合わない不適切な衣服を着ることもあるので配慮が必要です。
- ☑ まずは季節を感じてもらうことが大切です。施設内の飾りつけなどでそれらを演出しましょう。屋外に出る機会も増やしましょう。

動作が始まるきっかけを知る

リハ達人：**認知症の人の中には，着替え動作の手順が分からなくなる「着衣失行」の症状がある人がいます**。

ジュンコ：衣服を手渡されても，どう着ていいのか分からなくなって，服の袖に足を通そうとしてしまったり，服を裏返しに着たりなど混乱される利用者もいて…。そんな人にはすべてに介助がいります。

マイラ：ズボンを頭からかぶろうとしていた人もいました。

リハ達人：そんな認知症の人の場合，「キュー」の出るポイントまで介助する方法をお勧めします。

マイラ：「キュー」って何ですか？

認知症の人の中には着衣失行という症状により衣服の着脱の仕方が分からなくなる人も…

表1　観念運動失行

> 認知症の中核症状である失行の1つで，自発的な運動であれば可能であるが，口頭指示・模倣による習慣的な運動や身振りなどの簡単な動作が再現できないことを指す。

リハ達人：「キュー」っていうのは，つまり，きっかけとか，手がかりとか，合図のことです。

ジュンコ：「きっかけ」ということで言えば，腕時計を外す介助をすると，自然と袖を脱ぎはじめる認知症の利用者がいます。

マイラ：そうそう！　眼鏡を外してあげると，それがきっかけとなって服を脱ぐことができる人もいます。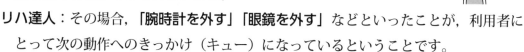

リハ達人：その場合，「腕時計を外す」「眼鏡を外す」などといったことが，利用者にとって次の動作へのきっかけ（キュー）になっているということです。
　　かぶり服をそのまま渡しても着ることができない人でも，頭からかぶるところを介助すると，あとは自然の流れで袖を通して着衣できる人がいますし，ボタンかけを1つだけ手伝うと，それがきっかけでボタンのかけ方を思い出すこともあります。

マイラ：着衣の順番が分からない時は，着替えの準備をする時に，あらかじめその利用者が着る順番に重ねておくとよいかもしれませんね。

リハ達人：そうですね。動作が困難だからといって，すべて介助してしまうのではなく，このように**細やかに，一人ひとりの「キューポイント」を知った上で介助し，そこから本人の動作がスタートし，完了するまでを見守る**，というのが更衣介助の極意と言えます。

ジュンコ：更衣ができる人でも，「その服は頭からかぶって着てください」って言うと，どのように着たらよいか分からなくなってしまう人もいます。

リハ達人：それは**「観念運動失行」**という症状ですね（**表1**）。習慣的な運動や簡単な動作でも，自発的に動くのであれば自分でできるのですが，口頭での指示などがあるとうまく理解できず，動作が始められなくなることがあります。そのような人には口を出さずに動作の自然な流れが出るように介助します。

マイラ：私，おせっかいなので，黙って見守るっていうのが苦手です。そういう症状のある人の場合は，あえて口頭での指示はせずに**「待つ」**という姿勢が大切ですね。

リハ達人：認知症の人の場合，その人の性格などによっても声かけや介助の仕方が大きく変わります。例えば，服を裏表逆に着てしまった人がいた場合を考えてみましょう。**開放的な性格の人**の場合だと，どうでしょう？

マイラ：Aさんなどはそのタイプの人で、「あ、Aさん、服が逆ですよ！」って明るく指摘すると、「アハハ、またやってしまったね〜」って笑ってやり直してくれます。

リハ達人：Aさんのように、失敗を笑って済ませられるタイプの人は、その場でやり直して間違いやすいポイントを確認していけばよいのですが、自分の失敗を許せないタイプの人、つまり**葛藤型の性格の人**だと、どうでしょう？

ジュンコ：Bさんなどは、「あーやってしまった！（シュン）」と落ち込みやすいタイプです。Cさんだと「そんなはずはない！（ムカッ）」と激怒するタイプかしら。「間違っていますよ」と頭ごなしに指摘するのは避けた方がよいのでしょうね。

リハ達人：失敗に対して精神的な動揺が見られる、そんな人の場合は、人の目につく場所から離れ、「こちらが気づかなかったので、もう一度やり直させてください」とそっと声をかける方がよいでしょう。

マイラ：以前、Bさんに、大勢の人がいる前で「間違っていますよ！」って言ってシュンとさせてしまったことがあります。反省。

Point Check!

- ☑ 認知症の人で着衣失行の症状が見られる人の場合、すべてを介助してしまうのではなく、動作が始まるきっかけ（キューポイント）を見極めて介助すると、後は自分でできることがあります。
- ☑ 着衣動作が失敗体験にならないように、認知症のタイプを見極めて声かけや介助の仕方を工夫しましょう。

達人のTweet　流れ作業は認知症の利用者にはご法度！

　介護現場では担当のケアスタッフが変わる「流れ作業」のような役割分担がありますが、これは認知症の利用者の介護には避けた方がよいでしょう。認知症の利用者の生活を介護する上で大切なのは、落ち着いた雰囲気です。

　例えば、風呂場と脱衣場で担当が変わる「流れ作業」のような介護をしていると、認知症の利用者は混乱してしまいます。落ち着かない人には、介助者を変えない介護がよいです。「お風呂に行きましょう」の声かけから、着替えが終了し、お茶を飲むまで「相性のよい介助者」がかかわるとうまくいくケースがあります。落ち着いた生活のためには、「相性」がとりわけ大切な要素となります。

着替えは実践的な柔軟体操です！

マイラ：片麻痺のある人の場合，着替えをする際に気をつけることはありますか？

リハ達人：順序が大切です。「着患脱健（ちゃっかんだっけん）」という言葉を聞いたことはありますか？

ジュンコ：「服を着る時は麻痺のある方（患側）から，脱ぐのは麻痺がない健康な方（健側）から」という意味ですよね。

マイラ：「着患脱健！」介護職として着脱の順番は覚えておくべき重要事項ですね。

リハ達人：そうですね。あと，麻痺側の手を引っ張るような介助は関節を痛める危険がありますので，注意しましょう。ただ，拘縮を予防するためにも，着替えの際に痛みがない範囲で手足の関節を伸ばしてあげることはとても重要です。生活場面で有効なリハビリメニューとなります。

ジュンコ：着替えの時をうまく活用して，関節の柔軟体操ができるんですね。

リハ達人：立位に不安がある人は，着替えは必ずいすに座って行うようにしましょう。立ったままの着替え動作は片足立ちになったり，上半身を大きく動かしたりするため，転倒も非常に多いので。

ジュンコ：片麻痺があって腕が上がらないなど可動域に制限のある人の場合，着脱しやすい服としにくい服があります。

リハ達人：**衣服を選ぶ時も，本人の身体機能の見極めが大切になります。身体機能を配慮しながら着やすい衣服を選んであげましょう**。例えば，頭からかぶるトレーナーのような衣服とボタンシャツではどうでしょう？

マイラ：ボタンのある服は指の細かな動作が必要ですよね。トレーナーの方が比較的着脱が簡単かしら。

ジュンコ：でも，腕が上がりにくい人には頭からかぶるトレーナーより，片袖ずつ着るボタンシャツの方が着やすいことがあります。

腕が上がりにくい人にはボタンシャツの方が着やすいかも…

表2　ボタン服とかぶり服のメリット・デメリット

	ボタン服	かぶり服
メリット	腕を上げなくても着脱できる	少ない動作で着脱できる
デメリット	ボタンを留め外しする指の巧緻性が必要	肩をある程度上げることができないと着脱は難しい

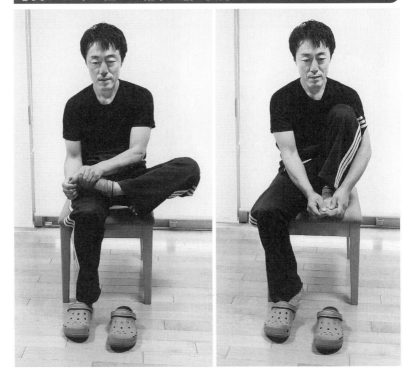

写真1　いすに座って靴下を履く姿勢

リハ達人：かぶり服，ボタン服，それぞれにメリットとデメリットがありますね（**表2**）。かぶり服の場合，頭を通して袖を通せば着ることができるので，少ない動作で着脱できますが，肩をある程度上げることができないと着脱は難しいです。ボタン服の場合，腕を上げなくても着脱できますが，ボタンを留め外しするための指の巧緻性が必要で動作が多いですね。

　肩が上がるか，肘が曲がるかなどの上肢の可動域，座りながらズボンを履く際に足を組む動作ができるかといった下肢の可動域，前かがみができるかといった体幹の可動域を評価する必要があります。

ジュンコ：前かがみができるかといった体幹の可動域っていうのは，衣服の着脱で言うとどんな動作ですか？

リハ達人：いすに座って靴下を履く姿勢を想定しています（**写真1**）。

　股関節屈曲の姿勢で体幹を前方に曲げて，お尻の筋肉を伸ばす柔軟体操をしていけば，靴下を履く，ズボンを履くなどの動作につながりますよ（**図1**）。

マイラ：足の爪切りの姿勢の練習にもなりそうですね。

リハ達人：さらに，その姿勢から無理なく痛みのない範囲で床に手を伸ばして，身体を左右に振る柔軟体操をしてもらってもよいです。

ジュンコ：更衣動作の中でも靴下を履く動作は，一番大きな可動域がいりますよね。

リハ達人：股関節の人工関節の手術をされている人は脱臼の危険があり，股関節を大きく曲げることができません。そんな時は「ソックスエイド」という自助具があります（**図2**）。

　上肢の関節の可動域が小さい人は，「リーチャー」という用具が役立ちます（**図3**）。棒の先のカギに引っかけて更衣を行う自助具です。カギの種類や長さなどいろいろな種類があり，本人に合うものを見つけてあげるとよいでしょう。

図1　股関節屈曲の姿勢で体幹を前方に曲げてお尻の筋肉を伸ばす柔軟体操

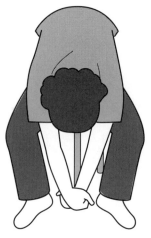
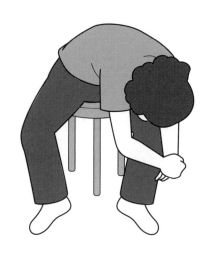

図2　ソックスエイド

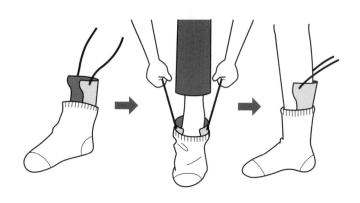

図3　リーチャー

ジュンコ：立位が困難な人にズボンを履いてもらう際，片方のお尻が上がればうまくいくのに…と思う時があるのですが。

リハ達人：そんな人には，いすに座って左右のバランス訓練をしてもらいましょう。腕を左右に広げて水平に保ち，左右のお尻を交互に上げます（**写真2**）。この際，腕の水平を保つよう意識することにより，身体の立ち直り反応を強めることができます。また，セラバンドを使って下着やズボンの着脱を想定した練習もしてもらうとよいですよ（第2章【③排泄】，P.83，84参照）。

　それに，更衣時の環境設定として，立位保持が必要な時，利用者の前にキャスターのない**固定式歩行器**を置いて活用すると手すりの代わりになっていいですよ（**図4**）。

マイラ：歩行器って，歩行の時以外にも役立つのですね。

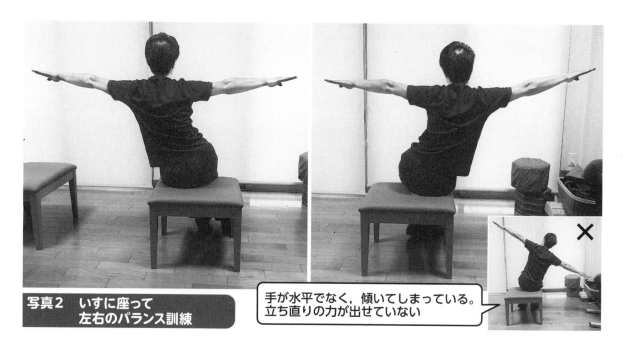

写真2　いすに座って左右のバランス訓練

手が水平でなく，傾いてしまっている。立ち直りの力が出せていない

図4　歩行器につかまって更衣

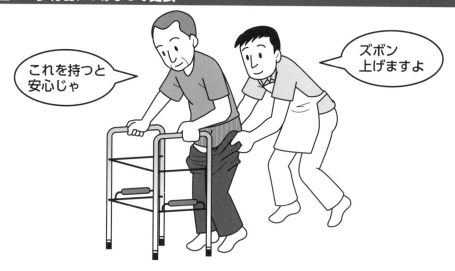

これを持つと安心じゃ

ズボン上げますよ

Point Check!

- ☑ 片麻痺のある人の場合の着替えは「着患脱健」に留意しましょう。
- ☑ 着替えの時をうまく活用して，残存機能をできるだけ伸ばしていくようなかかわりが大切です。
- ☑ ボタン服，かぶり服それぞれにメリットとデメリットがあります。本人の身体機能を見極めて，着やすい衣服を選びましょう。

自立への動機づけは身だしなみから

ジュンコ：Ｓさん（88歳，女性）は最近，同じ服ばかり着て，髪がぼさぼさでも気にしていないし化粧のことなんてどうでもよいといった感じで，身だしなみを気にしなくなってしまっているんです。昔はおしゃれに気をつかっていたはずなのに…。

リハ達人：認知症の人の場合だと，身だしなみに無頓着になってしまうケースも多いですね。認知症でなくても，ベッドで過ごす時間が長くなって外出の機会が減ってしまうと他人との接触が少なくなり，身だしなみや整容ということに関心が薄れてしまうものです。「歳だから仕方ない」と周りも放っておいてしまうと，認知症が一気に進んでしまうかもしれません。

　身なりを整えることは，自分に関心を持つ，ほかの人に自分を見せるという意味で心理的・精神的自立に結びつきます。身だしなみを毎日の習慣として意識することが大切です。**整容動作**，キミたちは毎日どんなことをしていますか？

マイラ：髪をとくとか，お化粧をするとか，ネイルをするとか…。

リハ達人：私は男性なので化粧はしませんが，毎朝，歯磨きをしてひげを剃ります。男性と女性で整容に手をかけるところは違いますよね。

ジュンコ：私は時々白髪染めもしています…。

リハ達人：年齢によっても動作が違ってきますね…。キミたちはどんな時にお化粧をしますか？

マイラ：会議があって人前で話す時とか，デートの時！

リハ達人：利用者だって，ただお化粧をしましょうと言ってもなかなかうまくいかないことが多いかもしれません。イベントがあって**人前に出る，会いたい人がいる**，そんな時に身なりを整えようという気持ちになるんじゃないでしょうか？

ジュンコ：整容動作の練習だけでなく，そういった『動機づくり』が必要ですね。

マイラ：歌の発表会があるので化粧をしてみましょう！　花見に出かける前にヒゲを剃りましょう！

ジュンコ：そういえば私，今度，同窓会があるので白髪を染めなきゃ～。

マイラ：ジュンコさん，よっぽど白髪が気になるのね…。

リハ達人：整容動作をする機会を自然に用意できると素晴らしいですね。髪に寝ぐせが付いていたら，さりげなく声をかけて直してもらうとか。

マイラ：鏡を渡して見てもらったらいいですよね。

リハ達人：そうですね。**鏡を見ることで自分への関心や他人の目を気にするといったことの動機づけになります。**

ジュンコ：ところで，腕が上がりにくくてブラシやくしで髪がとかせないといった人

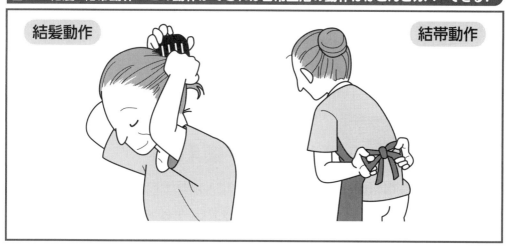

図5 結髪・結帯動作　この動作ができれば日常生活の動作はほとんどカバーできる！

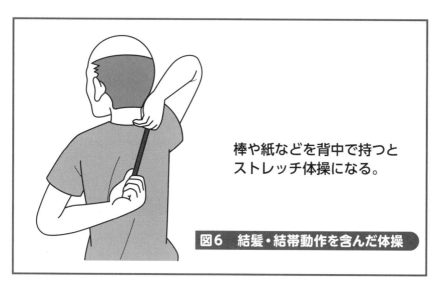

棒や紙などを背中で持つとストレッチ体操になる。

図6　結髪・結帯動作を含んだ体操

の場合，どのようなアプローチが有効でしょうか？

リハ達人：髪を結んだり，帯を結んだりする動作を思い出してもらって，体操してもらうとよいですよ。「結髪・結帯動作」といって，日常の生活動作はこの動作ができるかどうかがとても大きいのです（図5）。

マイラ：結髪・結帯動作，これ習いました。とても日本的ないい言葉ですね。

ジュンコ：確かに食べる動作，頭を洗う動作は結髪動作。ズボンを上げる，トイレでお尻を拭くのは結帯動作に近い動作ね。トイレから出てきた人で，ズボンが上がってなくてお尻が丸出しの人がよくいます。

リハ達人：そうそう。そういう人は，結帯動作から手を上下するズボンの上げ下ろしを想定した動作訓練がオススメ。

　レクリエーションの時間に，はがき大の大きさの紙を自分の頭の後ろに回して背中でとる，なんていう体操をしてもらうのもいいですよ（図6）。

Point Check!
- ☑ 身なりを整えることは，自分に関心を持つ，ほかの人に自分を見せるという意味で心理的・精神的自立に結びつきます。
- ☑ 身の回りの動作をする上で，結髪・結帯動作は重要です。体操に組み込んでいきましょう。

達人のTweet　介護上手は言い換え上手

よく介護現場では利用者に対し，「また○○さんのわがままが始まった」「○○さん，思いどおりにならないとすぐ怒り出すんだよね〜」など，スタッフ同士のそんな会話を耳にします。しかし，そんなふうに利用者の言動をあげつらっても解決することはありません。物事を表から見るのと裏から見るのでは，大きく見え方が違うことがあります。その人の短所だと思っていたことが長所にもなり得ます。

私は介護現場で認知症の利用者のBPSDに対しても言い換えをお勧めしています。よい介護スタッフほどこの言い換えが上手です（表3）。

そしてこれは日常生活にも大いに役立ちます。僕も嫁さんが怒り出すと言い換えています。「あなたは情熱的な人だ」と…。

表3　介護上手は言い換え上手

愛すべき人たちの性格を言い換えてみよう！

わがまま	→裏表がなく正直
自己中心的	→主体性がある
すぐ怒る	→情熱的
おせっかい	→世話焼き
病識がない	→細かいことにこだわらない
神経質	→繊細　デリケート
話が長い	→寂しんぼう

⑦ 姿勢

生活を支援していく上で，利用者の姿勢をチェックすることは重要です。筋力の低下で身体が支持できずに傾いていたり，関節や骨に負担がかかったりしていることも多いです。いすに座っている時，寝ている時などの利用者の姿勢に留意して，生活機能が高まるかかわりをしていきましょう。

「滑り座り」「左右に傾く」など座位が崩れる原因

ジュンコ：いすや車いすに座った姿勢で，傾いてしまったりお尻が前に滑ってしまったりしている人をよく見かけます。

リハ達人：座位の姿勢不良には「後ろにもたれて滑ってしまう」「左右へ傾く」「前のめりになる」といったタイプがあります（**表1**）。それぞれに対応を考えてみましょう。

ジュンコ：後ろにもたれていすに座っていると，だんだん滑っていってしまう原因は何なのでしょう？

リハ達人：「滑り座り」とか「ずっこけ座り」などと言われますが，身体を支える体幹の力がなくなっている，脊柱が曲がっているなどが原因です。仙骨で体重を支えていることになります（**写真1-①**）。**仙骨は褥瘡の好発部位**ですので，褥瘡発症のリスクが高まります。

ジュンコ：どのような対策をすればよいでしょうか？

リハ達人：仙骨ではなく坐骨で体重を受ける座り方，「坐骨座り」（**写真1-②**）を練習します。利用者に坐骨を触ってもらって，そこで体重を受けることを感じてもらいます。坐骨がおさまる**アンカーサポート**のあるクッションを使用してもよいでしょう。あと**腰椎の前弯**を引き出すようにします。

マイラ：腰椎の前弯？

表1　座位の姿勢不良のタイプ

- 後ろにもたれて滑ってしまう
- 左右へ傾く
- 前のめりになる

写真1　座位姿勢のチェック

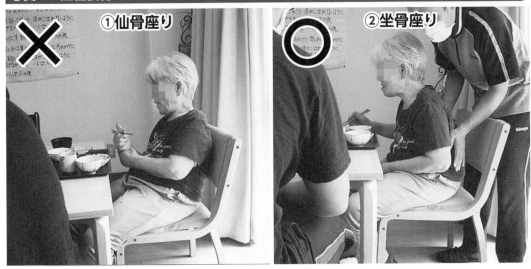

①仙骨座り　②坐骨座り

写真2　股関節・膝関節・足関節の3つの関節が90度に曲がるかを確認

弱い力でゆっくり動かす

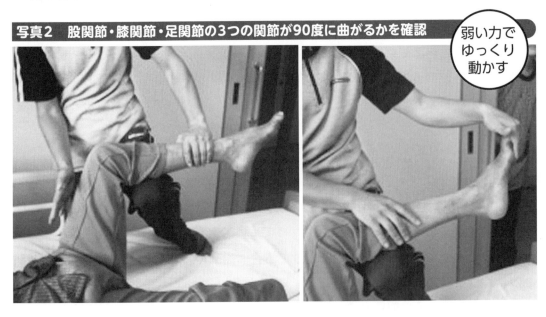

リハ達人：脊柱は横から見るとまっすぐではなく，緩やかなS字カーブを描いています。そのS字を出すようにするんですね。具体的な声かけとして，「おへそを前に出すようにしてください」そんなふうに言うと分かりやすいです。

ジュンコ：確かに座った姿勢で，おへそを前に突き出すと背筋がすっと伸びますね。

リハ達人：しっかり座るためには，下肢の関節が曲がらなくてはなりません。股関節・膝関節・足関節の3つの関節が90度になるかを確認してみてください。私はこれを「トリプルライト※」と呼んでいます。ベッド上で股関節・膝関節・足関節が曲がるか確認してみましょう（**写真2**）。関節の柔軟性が確認できたら，座位姿勢をとる練習を始めます。曲がりにくければ，毎日の日課として，関節可動域訓練，ス

※直角は英語で「right angle」。直角が3つあると座位姿勢がとれるという筆者の造語。

写真3　立ち上がり練習も「姿勢づくり」から

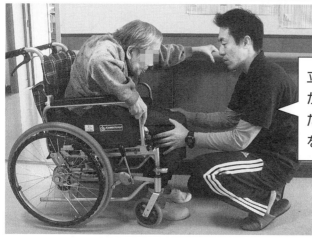

立位訓練を行う前に「前かがみ」「足を引く」といった立ち上がりの準備姿勢をしっかり練習しましょう

トレッチをしていきます。目標として安定した座位のためのストレッチを個別機能訓練として行っていきます。**足関節の拘縮（尖足）**があると地面に足を着けて座れないので，関節拘縮がなるべく発生しないよう配慮をお願いします。

●安定した立ち上がり動作を目標とした機能訓練

ジュンコ：姿勢が悪いと，身体機能が低下して，立ち上がりも困難になってきますね。

リハ達人：そうですね。姿勢不良が続くと，座位のみならず，立ち上がりも困難になりがちです。そんな人には，足を引いた，前かがみの姿勢をしっかり練習してもらいましょう。手すりのある環境を用意して，手すりに手を添えて前方に伸ばします（**写真3**）。「前かがみ」と「足を引く」ということが立ち上がりの準備姿勢となり，立ち上がりにつながっていきます。

ジュンコ：身体が左右へ傾く場合の原因は何なのでしょう？

リハ達人：身体をまっすぐに保持する体幹の力が低下しているのでは？　とまず考えます。

　それと，**骨盤の向き**がどちらかに傾いていることが原因である場合が多いです。腰骨の上部（腸骨稜）を触ってみて，どちらかが高くなっていないか確認してみましょう（**図1**）。骨盤は，左右均等に体重がかかっているのが望ましいのですが，どちらかに傾いてしまっている場合があります。

クッションを挟むだけの対応は×

図1　骨盤の向きが傾いていないかチェック

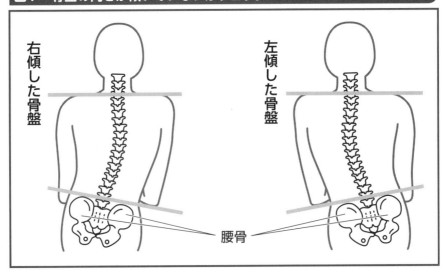

　傾くからとクッションを当てているのをよく見かけますが，姿勢が崩れる原因の多くは骨盤にあります。骨盤の位置を正す，骨盤を支えるという視点が必要です。まずは骨盤の傾きがないかをチェックしてみましょう。

- ☑ 座位は仙骨ではなく坐骨で体重を受ける「坐骨座り」を練習しましょう。
- ☑ しっかり座るためにも，股関節・膝関節・足関節の3つの関節が90度になるかを確認しましょう。
- ☑ 座位が傾いている場合，クッションを当てるだけでなく，まずは骨盤の傾きがないかをチェックしてみましょう。

円背の弊害と予防・改善

ジュンコ：座位で前のめりになるというのは，やはり円背（えんぱい）が原因でしょうか？

リハ達人：そうですね。とりわけ円背の強い状態と言えるでしょうね。
　その状態でいすに座ると背もたれと円背の出っぱりが当たっている状態になり，姿勢は崩れてしまいやすいです。

マイラ：円背はどうして起こるのですか？

リハ達人：円背のメカニズムは，「体幹の筋力低下」「脊椎・椎間板の変性」「生活習慣」「不適切な環境設定」といった複数の要素に分類して考えることができます。

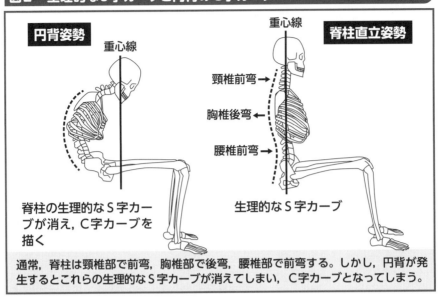

図2 生理的なS字カーブと円背のC字カーブ

通常，脊柱は頸椎部で前弯，胸椎部で後弯，腰椎部で前弯する。しかし，円背が発生するとこれらの生理的S字カーブが消えてしまい，C字カーブとなってしまう。

写真4 円背を疑似体験する

●S字カーブがC字カーブに！

リハ達人：加齢により体幹伸展筋力は減少して，脊柱の生理的S字カーブが保てなくなり，前かがみのC字カーブになり，円背が発生します（**図2**）。円背のある高齢者の多くは骨粗鬆症を呈していて，椎体・椎間板が脆くなり，前方が潰れ，脊柱が弯曲していくのです。

車いすに座る高齢者に見られる仙骨座りも，円背発生のリスクとなる可能性が高いです。なぜなら，仙骨座りは骨盤が後傾し，背もたれで胸・腰椎が立ち上げられ，脊柱が強く押し曲げられている状態だからです。

円背を疑似体験してみましょう（**写真4**）。①～③の順に姿勢を変化させてみてください。

写真5　円背でバンザイ―円背は体の動きを制限している

手が少ししか上がらない

表2　円背の弊害

- **呼吸器への影響**：円背があると横隔膜や肋骨の動きが阻害され，換気能力が低下する。円背姿勢での呼吸は，胸式呼吸が優位になる。
- **消化器・循環器機能への影響**：内臓への強い圧迫により「心臓を圧迫→全身の血液循環低下→脳血流量低下→意識状態の低下」「胃の圧迫→消化機能の低下→食欲の減退→低栄養状態」といったような悪循環に陥るリスクが考えられる。円背があると不活発な生活へと陥りやすい。
- **運動器への影響**：円背姿勢では肩関節の可動域に強い制限が生じ，活動性の低下へとつながっている高齢者も多い。
- **精神心理的要因**：呼吸器・循環器・消化器さらには運動器と広範囲に影響が及ぶため，姿勢不良は精神機能にまで影響を及ぼす。うつむいた姿勢で長時間過ごすと，視野も狭まり，周囲への興味関心も薄れてしまう。

①背中を丸め，おなかを引っ込めるようにして強い猫背をつくる。
②首をすくめ，肩を前に出し，左右の肩甲骨の距離が離れるようにする。
③顎を前下へ突き出す。

マイラ：やってみるとつらい。息苦しいですし，胃が圧迫される感じです。

リハ達人：では，円背姿勢のまま両手をバンザイしてみてください。肩が制限され，わずかしか手が上がらないことが分かると思います（**写真5**）。

ジュンコ：こんなに手が上がらないとは…。

リハ達人：身体拘束をするような施設はもうないと思いますが，もしこの円背姿勢を放っておくのであれば，利用者は腕を縛られているのと同じ状態だと言えます。円背を放置することは「**見えない拘束である**」という意識を持つべきですね。

ジュンコ：これだけ内臓が圧迫されると身体に及ぼす影響もありますよね。

リハ達人：円背の弊害は，**表2**のようにまとめることができます。

マイラ：円背の利用者さんが気の毒です。私たちの力で円背を予防してあげたいです。

リハ達人：円背は老化現象であり，ある程度避けられない姿勢変化ですが，運動療法により予防・改善ができることもありますよ。介護現場で取り組みやすいプログラムとして，日々の日課に無理なくできる体操や環境設定の方法を紹介します。
　両側の肩甲骨が脊柱から離れる変化を防ぐため，肩甲骨を定位置に戻す体操を行いましょう（**資料1**）。

資料1　肩甲骨を定位置に戻す体操

①マシントレーニング「ローイング」

肩甲骨を脊柱に引き寄せる運動

肩甲骨の内・外転，回旋運動を促すことができます。また，両肩甲骨を脊柱に引き寄せる菱形筋群（図3）を賦活化させ，脊柱の伸展姿勢を誘導することができます。

②セラバンド体操

セラバンドを柱などに巻きつけ両端を引く。
引き付けた際に両肩甲骨を脊柱に寄せ，胸を張る

セラバンドを柱に巻きつけ，両端を引っ張ります。マシンと同じく肩甲骨を脊柱に引き寄せる菱形筋群の活動を促すことができます。

③舟漕ぎ体操

両腕を前方に伸ばし，ボートを漕ぐように腕を体に引き付ける体操です。肩甲骨の大きな動きと脊柱の伸展した姿勢を引き出すことができます。

櫓を漕ぐように腕を動かし，引き付けた時に胸を張る

図3　肩甲骨は多くの筋が付着している

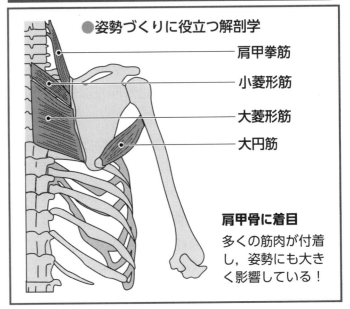

●姿勢づくりに役立つ解剖学

- 肩甲挙筋
- 小菱形筋
- 大菱形筋
- 大円筋

肩甲骨に着目
多くの筋肉が付着し，姿勢にも大きく影響している！

写真6　百人一首体操

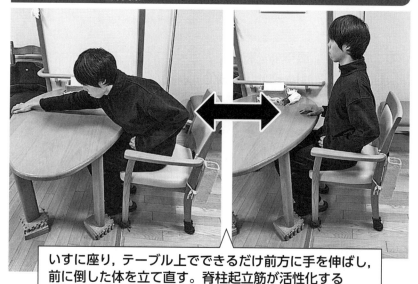

いすに座り，テーブル上でできるだけ前方に手を伸ばし，前に倒した体を立て直す。脊柱起立筋が活性化する

　また，円背で胸部優位の換気様式に変化して換気効率が悪いため，これに対する運動療法として，横隔膜を下げて下部肋骨を広げるような呼吸リハビリをしてみましょう。腹部に手を触れて，腹腔の膨らみを感じながら深呼吸を繰り返す体操をします。深くゆっくりと呼吸することを意識し，特に呼気を強く深く行うことで腹式呼吸のコツがつかみやすくなります。呼気で全部吐ききることを意識して行います。

　さらに，姿勢が崩れても直せるようになるために座位にて体幹を大きく動かす体操もお勧めです。座位での体幹の屈曲・伸展運動（百人一首のポーズ）（**写真6**）がお勧めです。手をテーブル前方に限界まで伸ばし，その後ゆっくりと定位置に戻ります。手を伸ばす先に目標を置き，「百人一首で遠くの札に手を伸ばすように」と声をかけると分かりやすいです。

Point Check！
- ☑ 車いすでの仙骨座りは円背を発生させる可能性が高くなります。
- ☑ 円背は運動器のみならず呼吸器・循環器・消化器，さらには精神機能にまで悪影響を及ぼします。
- ☑ 円背をつくらない，悪化させないを目標にすることは介護職員の大切な役割です。
  日々の体操や姿勢づくりをしていきましょう。

達人のTweet シーティングについて

　使用している車いすの大きさが利用者の身体に合っておらず，それが仙骨座りなどの姿勢不良を助長しているという研究があります。ぜひ利用者の身体に合ったサイズの車いすを用意してください。

　また，「シーティング」といって，車いすやいすを調整し，姿勢を整える技術もあります。サイズの合わない車いすを使用している人はいませんか？　今一度見直しを行ってください。

　写真7では，奥行を縮め，クッションなどで隙間を埋め，お尻が滑らないように坐骨結節部分を少し落とし込んだシートを作成するなどの調整を行いました。そうすると見違えますね。どんな姿勢で過ごしたかで，その人の1年後の人生が全然変わってくると思いませんか？

写真7　シーティング
●標準型車いすが小柄な女性に大きすぎる

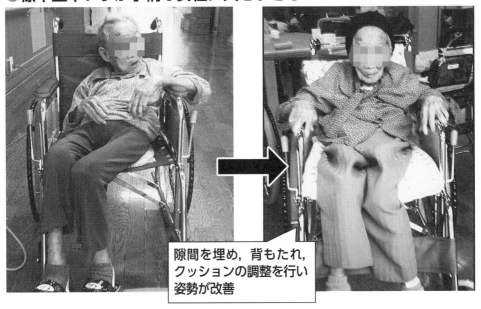

隙間を埋め，背もたれ，クッションの調整を行い姿勢が改善

ポジショニングで寝る姿勢の改善を

マイラ：寝ている姿勢がアルファベットのGのように丸まっている人も多い（図4）のですが，身体は伸ばしてあげた方がよいのでしょうか？

リハ達人：特に円背があると，寝ている時に身体を安定させようと股関節や膝が曲がるものです。寝る時は安楽な寝やすい姿勢でよいと思いますが，曲がった姿勢のまま固まってしまわないように注意が必要です。自分で動かせない人は，少なくとも1日1回は関節を動かすストレッチを実施してみましょう。

マイラ：家族にも拘縮の可能性を説明して，1日1回は関節を伸ばしてもらうようにしてもらうとよいですか？

リハ達人：そうですね。**関節拘縮の予防方法などをデイサービスから家族に伝えてあげることは，とても大切なことです。**

ジュンコ：寝ている姿勢によっては，褥瘡が発生しやすくなりますよね。

リハ達人：褥瘡は長時間の圧迫，そして栄養状態が悪いことなどで発生します。特に骨の突出している部分に発生します。その部分は「点」で圧迫されるため，血行が途絶えて褥瘡が発生しやすくなります。図5のように真上を向くと背中側，横を向くと反対側の骨の突出部位が体重を受けるため，褥瘡のリスクが高いと言えます。ポイントを押さえ，リスクの高いところが四六時中圧迫を受けるということがないように配慮が必要です。

ジュンコ：褥瘡を予防するには，どのような姿勢が適切でしょうか？

リハ達人：寝る姿勢を改善したり，寝ている姿勢によって起こるリスクを予防したりするには，「**ポジショニング**」が大切になります。

マイラ：ポジショニング？ 体位変換とは違うのですか？

リハ達人：体位変換もポジショニングに含まれますが，体位変換は，ベッドやいすなどに体重がかかって圧迫されている部位を移動させることです。それに対し，ポジショニングは，クッションなどを活用して適した姿勢や体位を保持することを言います。

図4　円背があり丸まって寝ている姿勢

図5　褥瘡の発生しやすい部位

仰向けの場合

おしりの中央にある骨が突出している部分（仙骨部）に最もできやすく，後頭部，肩甲骨部，かかとなどにもできます。

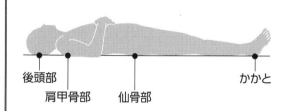

横向きに寝ている場合

耳，肩，肘，腰骨が突出している部分（腸骨部，太ももの骨が出ている部分（大転子部，膝，くるぶしなどにできます。

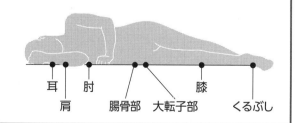

ジュンコ：拘縮や褥瘡を予防するポジショニングのポイントを教えてください。

リハ達人：そうですね。ポジショニングは，筋肉の緊張の緩和と調整，姿勢を安定させる環境をつくるというねらいがあります。30度側臥位の姿勢をとってもらい，「点」ではなく「面」で支えられるように，筋肉・脂肪のついている部位で体を支え，隙間を作らないことがポイントです。また，身体がねじれたままポジショニングをしてしまうと，身体の変形を助長してしまうため注意が必要です（**表3**）。

マイラ：寝ている人の体にクッションを当てたりするのをよく見ます。

リハ達人：身体をねじらず，30度側臥位（**図6**）の状態で，隙間をつくらず筋肉や脂肪の多い場所が下になるようにクッションを当てると褥瘡が回避でき，臥位姿勢も安定します。

　職員が意識することによってポジショニングがうまくいき，丸まっていた身体が伸びてくることも多いですよ。ポジショニング用のクッションも，いろいろな種類があるので試してみてください（**図7**）。

ジュンコ：さっそく試してみます。

表3 ポジショニングで大切にしたいこと

- 30度側臥位
- 面で支え，隙間をつくらない
- 身体をねじらない

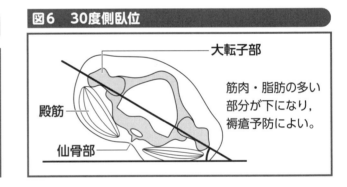

図6　30度側臥位

筋肉・脂肪の多い部分が下になり，褥瘡予防によい。

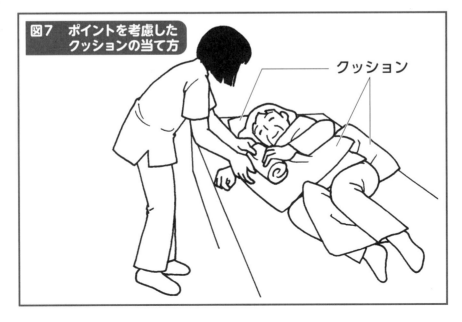

図7　ポイントを考慮したクッションの当て方

- ☑ 曲がった姿勢のまま固まってしまわないように自分で動かせない人は，少なくとも1日1回は関節が動く範囲のストレッチをしましょう。
- ☑ ポジショニングのポイントは「30度側臥位」「隙間をつくらない」「身体をねじらない」の3つです。

拘縮が発生しやすい部位とその原因

ジュンコ：中重度で寝ている時間が長い人の場合，拘縮をつくらないようなかかわりをしていかなければなりませんね。

リハ達人：施設や在宅での長期療養でよく見られる拘縮は，病院の治療では，ROM（range of motion：関節可動域訓練＝関節を動かすリハビリテーション）が実施されますが，退院後の生活期では放置されてしまうことも多いです。関節拘縮は進行性であり，気づくと関節がガチガチに固まってしまい，生活動作が困難になってしまうというリスクがあります。

マイラ：私たちが関節を動かしてあげればよいのでしょうか？

リハ達人：拘縮の予防には，早期発見とストレッチが大切です。関節が曲がっている方向と緊張している筋肉を意識してストレッチする方向や強さを加減します。

ジュンコ：ストレッチをする際，力の入れ加減が難しいです。

リハ達人：力を入れて行う必要はありませんよ。「1日1回，関節の最大可動域（動く範囲）を動かす」というケアで拘縮の悪化は防げます。ストレッチは痛みを与えないように，本人の顔を見ながらゆっくり丁寧に動かしましょう。表情が痛そう，手を払いのけようとするなどの拒否の動作が見られるのは痛みを与えてしまっているからです。痛みは心理的な緊張を生み，筋肉の緊張を誘発するため禁忌です。「関節が動いて気持ちがよい」と思えるような強さで愛護的に動かすのがコツです。

　ただ，いったんできてしまった拘縮を治すことはなかなか大変です。拘縮をつくらない生活づくり，または兆候を見つけて早期に芽を摘むかかわりが一番重要なのです。

　資料2に，典型的な関節拘縮とその対処法を紹介します。

資料2　関節拘縮とその対処法①

上肢

上肢は屈筋群が強く，屈曲位に拘縮してしまうことが多いです。

- **指関節**

　手は握り込んでしまいやすく，握りしめられた掌は不潔になりやすいため，開くことで清潔を保ちたいところです。まずは手指がどれくらい開くか確認しましょう。また，握った状態が継続すると爪が掌に食い込み，傷をつくってしまうことがあるので要注意です。

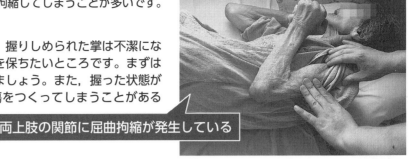

両上肢の関節に屈曲拘縮が発生している

- **肘関節**

　肘が屈曲している場合，特に上腕二頭筋（力こぶをつくる筋肉）が緊張しているため，入浴後など筋肉がリラックスしている状態をつくってから伸ばすというタイミングも配慮しましょう。

- **肩関節**

　上腕が体幹に引き寄せられ，きつく脇がしまっている場合，大胸筋など胸の筋肉が緊張しています。脇の下は汗をかきやすく，不潔になりやすいため，開いて風通しをよくしたり，入浴時に洗って清潔にしたりするなど配慮が必要です。

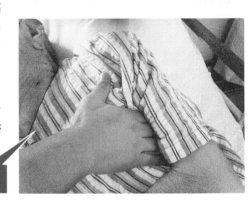

上腕が体幹に引き寄せられ，きつく脇がしまっている

Point Check！

☑ 拘縮の予防には，早期発見とストレッチが大切です。ストレッチは痛みを与えないように，本人の顔を見ながらゆっくり丁寧に動かしましょう。

☑ 拘縮はいったんできてしまうと治すことはなかなか大変です。拘縮をつくらない，生活づくりを支援していきましょう。

達人のTweet　寝たきりで関節に卵焼きができ上がる！？

　重度の拘縮で手強いのが関節構成体の癒着と硬化です。卵焼きを作る時に，卵をフライパンに流し込み巻いていきますね。タンパク質は加熱されたり，押しつけられたりするとくっつく性質があります。タンパク質の接着効果で卵焼きは巻くことができるのです。

　進行した関節拘縮もこのイメージに近いものがあります。筋肉・靱帯・関節面といった本来独立して機能する関節内の軟部組織が，べったりと癒着してしまった状態です。いわば関節内で卵焼きができ上がった状態です。生活の中で関節を動かし，生活に必要な可動域が確保できるようにケアスタッフは配慮しなければなりません。

資料2　関節拘縮とその対処法②

下肢

・股関節

股関節は臼関節と呼ばれ，可動範囲の大きな関節です。したがって，いろいろな方向を向いて固くなっていることがあります。写真は，運動学で「外旋」という肢位になっており，両足が開脚状態で拘縮しています。この反対に「内旋・内転」の肢位で固くなってしまうケースもあります。

> 股関節外旋による開脚
>
> 両股関節が外旋し，足が開脚している状態

・膝関節

膝関節の場合，屈曲拘縮も伸展拘縮もよく見られます。緊張している筋肉に早めに気づくことで，拘縮のリスクに対処できるため，利用者の体の変化をよく観察していきましょう。写真では，膝の関節の拘縮が始まり，膝を曲げる屈筋群（ハムストリングス）に筋緊張があることが観察されました。

> 体の変化に早く気づくことが大切
>
> 膝関節の屈曲拘縮が始まる前から，ハムストリングスの緊張が高まっている

・足関節

介護していると「尖足」になっている人をよく見かけます。これは寝ている時の足の向きに原因があります。寝ている時に足は下向きになっています。ベッドで寝ている時間が長いと，次第に足が下向きのまま固くなり，上に向かなくなってしまうのです（3～4日で関節変形が始まってしまう）。つまり，「尖足」は寝たきり生活で簡単につくられてしまうのです。いったん「尖足」ができてしまうと，座る，立つ，歩くといった日常生活が困難になってしまいます。

拘縮は気づかぬうちに忍び寄り，あっという間に重度化してしまうので，臥床時間の長い人には，いかに座る生活づくりができるかが大切です。

尖足の原因は何か？

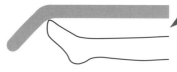

尖足は寝たきりが原因だ！

> 誰しも寝る時，足関節は底屈位である。その上に布団がかぶさり，足を固定している。長期臥床で尖足が完成してしまう。

食事姿勢に気をつけた環境を

リハ達人：高齢者施設の食事テーブルは高すぎることが多いように思います。測ると70cmです。円背があり小柄な利用者には，とてもじゃないけど食事を食べやすい高さではありません。食事が食べられないのは身体機能が低下しているからだと考えがちですが，座位保持姿勢（骨盤の向き・体幹の不安定）やテーブルなどの環境面を考えることも大切です。

ジュンコ：テーブルはどれくらいの高さが適切でしょうか？

図8 食事の姿勢

少し前かがみの姿勢

足底が床に着く

利用者の体格にテーブルやいすの高さが合っていない

図9 車いすは構造上，食事用には作られていない

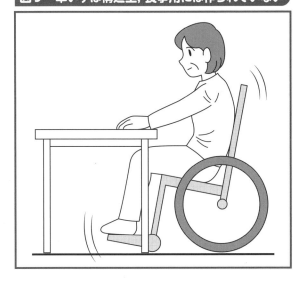

リハ達人：食事の理想的な姿勢は，首を少し前屈した前かがみで，足が床に着いていることです（図8）。テーブルは一般におへその高さぐらいがよいと言われ，小柄な利用者には60～65cmぐらいのものを用意してみてください。

具体的には，ラーメンがすすれるぐらいです。ラーメンを食べている時を思い出してみてください。器から麺を箸でとり，フーフーと冷まして口に運びますよね。テーブルから口までけっこうな距離がいることが分かると思います。

マイラ：足が床に着いていない利用者には，台を置いてあげるとよいですね。

リハ達人：そうですね。それと，利用者に車いすのまま食事をしてもらっていることはありませんか？

マイラ：車いすで食べてもらうこともありますが，いけませんか？

リハ達人：**車いすは構造上，食事用には作られていない**のです。車いすに座ると分かりますが，乗っている人が落ちないように座面が少し後傾していて，お尻の方が膝より2～3cm低くなっています。ですから必然的に膝が持ち上がるような姿勢になります。それに，座面はたわみがあるので，体幹も左右に傾いてしまいやすいのです（図9）。

ジュンコ：アームレストがあると，それがテーブルと当たって体がテーブルに近づけない時もありますね。

マイラ：確かに，膝が上がったまま前のめりになると食べにくそうですね。

リハ達人：骨盤を安定させたり，体幹をしっかり支えたりすることで食事が自分でできる人もいるんですよ。

ジュンコ：機能訓練で食事を食べやすいようにと上肢の機能訓練だけやっていたけど，それでは不十分だったのですね。

マイラ：食事の姿勢についても気をつけて見るようにしていきます。

- ☑ 食事の姿勢は，首を少し前屈した前かがみ，足が床に着いていること，適正なテーブルといすの高さを確認しましょう。
- ☑ 車いすのまま食事をとる人をよく見かけます。車いすは構造上，食事用には作られていないので，いすに移乗して食事をしてもらうようにしましょう。

達人のTweet　幹と根が安定すると枝はのびのびとする

　体幹という字の「幹」に注目してください。幹が安定している木は枝がのびのびとしていますね。人間の体もそんなイメージを持ってみてください。幹が安定しているから枝である腕はより自由に，器用に動かすことができるのです。手の動きが悪いと思ったら，すぐにその手が原因と思い，手の機能訓練を始めがちですが，案外「幹」である「体幹」が不安定だったり，「根」である「骨盤」が傾いていたりします。生活動作を考える上で，体幹・骨盤のサポートは大切です。

⑧ 住環境

日本の家屋は段差が多く、床での立ち座りが必要なことなど、身体機能の低下した利用者にとって転倒事故のリスクが多々あります。それらを解消するための提案をしていくことも私たちの仕事と言えます。また、閉じこもりや認知症の進行を予防するためにも、利用者の住環境には留意していきたいものです。

居宅訪問で住環境の何を見るか？

ジュンコ：管理者から利用者の居宅訪問を行うように言われたのですが…。

リハ達人：2015年度の介護報酬改定では、**個別機能訓練加算（Ⅰ）（Ⅱ）**において、利用者の在宅での**生活状況や住環境の調査**を行った上で機能訓練のプログラムを立てることが算定要件とされました（**資料**）。しかし、住環境といっても、何をポイントに見たらよいか戸惑っている人も多いようですね。

マイラ：家の中の何を見ればよいのですか？

ジュンコ：日本家屋はけっこう段差が多いので、まずは段差を見た方がいいですよね。

リハ達人：そうですね、玄関の段差や家屋内の動線、トイレや浴室。その人の生活様式から見るべきところを絞って見ていくとよいです。利用者の住環境を見る時のポイントを**表**にまとめておきます。

マイラ：てっきり訪問して部屋を見るだけだと思っていたけど、結構、いろいろなところを見なくちゃいけないんですね。
「**家族の介護力**」のところにある「**老々介護**」は、高齢の夫婦で妻が夫を介護しているといったようなことですよね。「**認認介護**」っていうのは何ですか？

リハ達人：認知症の妻が認知症の夫を介護しているような状況です。これまではあまり見られなかったケースですが、超高齢社会では増えてきています。

ジュンコ：そういったことも利用者を取り巻く「環境」ですね。
部屋だけ見ればよいとばかり思っていました。

リハ達人：住環境というと利用者本人の居室を見ておしまいと考えがちですが、利用者の生活環境を見るということで言えば、それでは不十分ですね。家の周囲の環境、家族関係、ご近所との関係、サービス利用状況など、いろいろな角度からチェックしてほしいですね。そこまで情報を集めると、皆さんのデイサービスでどのように過ごし

てもらうかとか，どんな機能訓練をすればよいかなど，自ずと浮かんでくると思います。
　例えば，周囲の環境に段差が多い場合は，段差昇降訓練をして筋力向上。家の外が砂利の坂道だとすると，坂道・悪路を想定した応用歩行訓練。家の中では歩行時に転倒が多いということであれば，歩行器の使用を検討し，歩行訓練をするといった具合です。

資料　通所介護費における個別機能訓練加算の基準

（1）～（3）略
（4）機能訓練指導員等が利用者の居宅を訪問した上で，個別機能訓練計画を作成し，その後3月ごとに1回以上，利用者の居宅を訪問した上で，当該利用者又はその家族に対して，機能訓練の内容と個別機能訓練計画の進捗状況等を説明し，訓練内容の見直し等を行っていること。

[解釈通知]
　個別機能訓練を行う場合は，機能訓練指導員等が居宅を訪問した上で利用者の居宅での生活状況（起居動作，ADL，IADL等の状況）を確認し，多職種共同で個別機能訓練計画を作成した上で実施することとし，その後3月ごとに1回以上，利用者の居宅を訪問し，利用者の居宅での生活状況を確認した上で，利用者又はその家族に対して個別機能訓練計画の内容（評価を含む。）や進捗状況等を説明し記録するとともに訓練内容の見直し等を行う。また，評価内容や目標の達成度合いについて，当該利用者を担当する介護支援専門員等に適宜報告・相談し，必要に応じて利用者又は家族の意向を確認の上，当該利用者のADL及びIADLの改善状況を踏まえた目標の見直しや訓練内容の変更など適切な対応を行うこと。

厚生労働省：指定居宅サービスに要する費用の額の算定に関する基準（平成27年4月1日施行）

表　住環境チェックポイント

外観	木造の日本家屋なのか？　5階建てマンションなのか？　など
周辺環境	散歩がしやすいか？　車いすでも外出しやすいか？　など （閉じこもりのリスクとも関連する）
居室	布団orベッド使用？　和室or洋室？　家族とのつながりがあるか？　など
1日の過ごし方	食事・排泄・入浴といったADLを中心に見る
家の中の動線	トイレや浴室などへ移動するコースに障害物（扉や段差）などはないか？　など
玄関	気軽に出入りしやすい玄関か？　段差・手すりはあるか？　など （勝手口など出入り口が1つではないこともあるので，普段使用している出入り口を中心に見る）
家族の介護力	老々介護？　認認介護？　独居？　家族と同居？ （同居でも家族はノータッチの場合もある）
サービスの状況	デイサービス以外に訪問サービスやほかのデイサービスの利用はあるか？ ご近所力はあるか？　など

ジュンコ：玄関から屋外が車の多い危険な道路なのか，散歩しやすい安全な歩道なのかで，その人の活動空間も変わりますよね。

リハ達人：そうですね。それに，中重度の人の場合，玄関に段差があると，外出がおっくうになってしまい，閉じこもりがちになってしまうことがあります。段差の中でも特に，玄関にある段差は要チェックです。**外出しやすいように環境設定しておくことが元気を引き出すコツ**と言えます。

- ☑ 利用者の居宅を訪問し，生活状況や住環境の調査を行った上で機能訓練のプログラムを立てることを心がけましょう。
- ☑ とりわけ玄関の段差は，外出しやすいように環境設定しておくことが利用者の元気を引き出すコツです。

達人のTweet 「目標」につながる居宅訪問でのトーク例

機能訓練に消極的な利用者がいますが，その場合，機能訓練の目的と自分の生活が結び付いていないからかもしれません。

そこで，利用者に「○○さん，外に出てやってみたいことは何ですか？」，こんなふうに質問すると，いろいろな答えが返ってきます。例えば，「ずっとお墓参りに行けなくて気になっている」とか「また妻と旅行がしたい」など。その人の希望や夢を実現することを想定しながら会話していくと，機能訓練に乗り気になっていただけることが多いです。

「自由に外出できるように玄関の段差を昇ったり降りたりできるようになりましょう！」「不揃いの石段を越えられるようになって，念願のお墓参りに行きましょう！」「少し高めの段差を練習して，お孫さんとバスに乗って遊びに行けるようになりましょう！」「新幹線で奥さんとまた旅行に行くことを目標にしましょう！」など，利用者との会話から目標が明確になると，ぐっと意欲がわいてくるかもしれません。

玄関は「社会の窓」

ジュンコ：私は送迎について行くことも多いので，利用者宅の玄関をよく通っていたのですが，玄関の大切さについてあまり意識していませんでした。

図1　スロープ設置の例

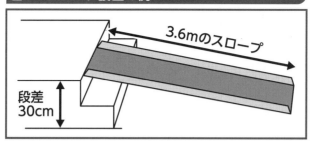

リハ達人：玄関は「社会の窓」と呼ばれ，外部との重要な接点です。「閉じこもり」にならないように，外出しやすい玄関かどうかを確認してみてください。

マイラ：確かに「出かけたいけど段差が多いから転ぶのが怖くて出られない」なんていう人も多いです。気軽に外出できるような玄関を考えることも大切なんですね。

リハ達人：出かけやすい玄関になるように考えてあげられるスタッフは素晴らしいですよ。業務で送迎するだけではなく，これぞ生活を支えていく視点ですね。

ジュンコ：玄関にスロープを設置した利用者から，「**これなら災害の時も逃げやすいので安心！**」と言って喜んでいただいたこともありました。

マイラ：スロープを設置するといっても，使用する段差の高さとか，車いすを自走するのか，介助を受けて通行するのかで違ってくるのではないですか？

リハ達人：スロープも短いものは50cmから長いもので6mくらいのものもあります。自走式の車いすを使用する場合，一般的にスロープの長さは段差の**約12倍**，傾斜角度は5度が目安と言われています。例えば，30cmの段差に傾斜角度5度のスロープを設置するには，**30（段差高さ）×12＝360cm**のスロープが必要になるということです（**図1**）。レンタルもできますので，福祉用具事業者に相談してみてください。

マイラ：高い段差でも長いスロープを設置すれば車いすでの通行が可能ということですね。

リハ達人：段差には何でもスロープを付けてしまう風潮もあるけれど，車いすは介助の仕方一つで，結構大きな段差や階段だって昇っていけるんですよ。

ジュンコ：え？　車いすで段差を昇る？

リハ達人：車いすは2人介助することによって段差を昇降することも可能なんです（**図2**）。最初は職員同士で，利用者が乗っていない状態で練習してみましょう。また，玄関アプローチをスロープにするのではなく，踏面（ふみづら）（P.154参照）が1mあれば安全に昇降できる段差に改修することも可能です（**写真1**）。

Point Check！
- ☑ 玄関に段差がある家には，スロープを設置することも考えてみましょう。
- ☑ 車いすは意外と段差に強い。2人介助することによって，段差を昇降することも可能です。

身体機能に応じた住環境改善の工夫を

ジュンコ：在宅で転倒を繰り返す利用者も多いのですが，**住宅改修**などを提案した方がよいのでしょうか？

リハ達人：日本は湿気が多いため，家の床を地面から上げて高くした設計で家が建てられています。そのため段差が多く存在し，その段差を越える時に転倒してしまうという事故も多いですね。送迎をすることで家屋の状況をよく知る通所サービスの職員が提案者となって，家族やケアマネジャー，リハビリテーション専門職，工務店など多職種と共に住宅改修に取り組むことも立派なリハビリテーションです。

マイラ：段差のある玄関には，手すりを付けた方がよいのでしょうか？

リハ達人：本人の身体機能を考えて，必要であれば手すりを付けることも一つの手段です。まずは本人にとって，段差の昇り降りを安全に行える環境かどうかを確認しましょう（**写真2**）。ちなみに，段差には「**段鼻**」「**蹴上**」「**踏面**」といった名称があります（**図3**）。昇降しやすい環境を考える時のポイントとして押さえておいてください。

ジュンコ：利用者の家で「蹴上」「踏面」を計測して，できるだけ在宅に近い環境をデイサービスで作って，昇降の練習をしていけばよいですね。

リハ達人：「蹴上」23cm以下，「踏面」15cm以上というのが現在の基準です

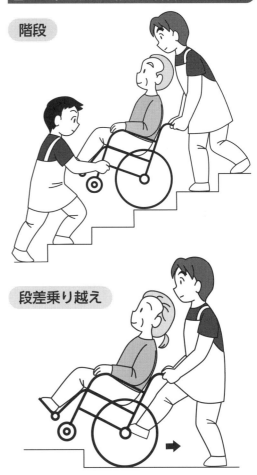

図2　車いすでの段差の昇降

階段

段差乗り越え

写真1　玄関の改修にお勧め 1mの踏面を持つ階段

写真2　どの辺りに手すりがあるとよいかを聞きながら検討する

図3　段差の名称

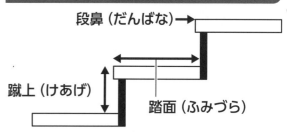

踏面：足を乗せる部分。15cm以上が目安。
段鼻：踏面の一番先端の部分。手すりの設置時，一番下の段の段鼻から計測する。
蹴上：階段の一段の高さ。23cm以下が目安。

図4　段割り

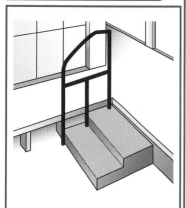

高い段差を二段に割る住宅改修例
介護保険の住宅改修費支給制度が使える

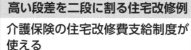
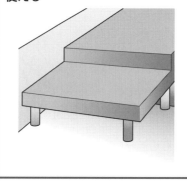

図5　立ち上げ手すり

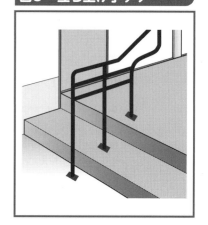

が，古い住宅ではこの基準に該当していない場合もあります。

マイラ：玄関の段差が本人にとって高すぎると思われる場合，どのような工夫が考えられるでしょうか？

リハ達人：スロープのほか「段割り」（**図4**）といって，低い段を設置し，昇り降りしやすくする方法が考えられます。

　筋力や下肢の可動域によって越えられる段差も変わります。膝が曲がりにくいと高い段差は越えられません。また，「立ち上げ手すり」（**図5**）を中央に設置すると，半身に麻痺があっても健側を使って昇り降りがしやすくなり便利ですが，車いすの通行には不便になります。将来的に車いすが必要になるかどうかを見極めながら，手すりの設置や段差の改修を検討しましょう。

ジュンコ：Tさん（82歳，男性）は自宅でよく転倒するそうなのですが，どのように対応していけばよいでしょうか？

図6　ベストポジションバー

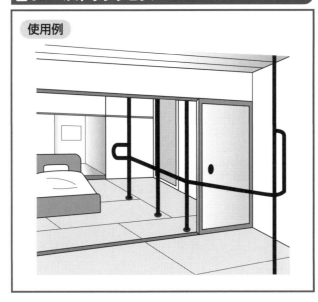

使用例

商品名
「ベストポジションバー」
(DIPPERホクメイ)

リハ達人：自宅の中で転倒しやすい場所を確認して，それに似たような環境で動作訓練をしていきましょう。例えば，玄関の段差で転倒しやすいということであれば，手すりを持って段差をしっかりと昇降するといった練習をしてもらいましょう。

ジュンコ：デイサービスにある段差で練習していただくようにプログラムしていきます。

リハ達人：認知症のある人や中重度の利用者の場合，自宅の中で**「決まってここで転倒する」**という場所があったりします。その場所に手すりを設置したり，高い段差を解消したりする工夫が必要です。

ジュンコ：介護保険の住宅改修でできますか？

リハ達人：はい，可能です。あと，お勧めなのが，利用者の生活動線に合わせてピンポイントで持ちやすい手すりを設置することができる**ベストポジションバー**（**図6**）です。天井の梁を確認し，しっかりしている部分であれば，工事をすることなく，どこでも突っ張り棒のように手すりを設置することができます。複数立てて，動線に横手すりをつなげるような環境設定も可能です。

ジュンコ：転倒予防というと訓練することばかり考えがちだけど，住宅改修や福祉用具の活用など，いろいろな方法を考えるべきですね。

リハ達人：そうです。私たちリハビリ専門職は，利用者の生活障害に対してすぐに機能訓練で乗り切ろうとしがちですが，機能訓練のほかにもたくさん引き出しを用意しておくべきです。機能訓練にこだわるのではなく，実は大工さんにお願いした方がよかった，なんてこともあるのですよ。

> **Point Check!**
> ☑ 本人の身体機能を考えて，自宅の必要な箇所に手すりを設置することも一つの手段です。まずは本人にとって安全な環境かどうかを確認しましょう。
> ☑ 在宅で転倒を繰り返すことが多い場合は，機能訓練だけで乗り切ろうとするのではなく，住宅改修も提案してみましょう。

手すり替わりになる意外なもの

ジュンコ：利用者の家の中で，階段や玄関の段差に手すりをつけていることは多いのですが，居室からトイレに行く時など，動線部分に手すりがないことが多いです。手すりは付けた方がよいのでしょうか？

リハ達人：手すりがないために，ちょっとした段差につまずいて転倒を起こすということはよくありますね。そんな人には，家族やケアマネジャーと相談して，手すりを付けることを検討してもよいでしょう。

　手すりを付ける際に気をつけたいのは，浴室やトイレでも同じですが，手すりが必要となる場所や使いやすい位置・形状などは，その人の身体状況や利き腕，動きの癖などによって異なるということです。右半身に麻痺がある場合，健側の左側に手すりを用意するなど配慮が必要です。

ジュンコ：確かにそうですね。手すりの使いやすい高さも人によって違いますね。

リハ達人：そうです。手すりは，基本的には大転子の高さがよいとされています。でも，**家の中での移動方法をしっかり観察してみてください**。在宅ではいろいろなものを伝って歩いている人が多いんですよ。

マイラ：いろいろなものって何ですか？

リハ達人：例えば，動線上に家具をうまく配置して，それを手すり替わりにして伝い歩きをしている人を見かけませんか？

ジュンコ：そう言えば，タンスや窓の桟などを伝って歩いている人もおられます。

リハ達人：玄関の場合，下駄箱を利用して段差を昇降できる環境を整えるのも一案です（図7）。

マイラ：家具をうまく並べれば動きやすくなるかも！

リハ達人：その人の在宅環境や生活動作をよく観察して，それに合わせた設定をデイサービスで用意して練習していくことも大事です。

ジュンコ：デイサービス内の家具を利用して，伝い歩きの練習をしていくのもよいですね。

図7　段差を昇降しやすい下駄箱の例

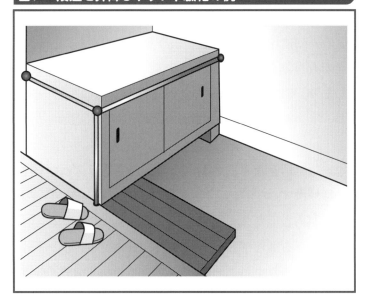

Point Check!

- ☑ 手すりを設置する場合は，その人の身体状況によって必要となる場所や使いやすい位置・形状などが異なることに留意しましょう。
- ☑ 家の中で手すりの替わりに家具を伝って歩く人もいます。伝い歩きの練習も実践的なメニューです。

達人のTweet　送迎時の居宅内介助と住環境チェック

　2015年度の介護報酬改定で，通所サービスにおける送迎時の居宅内介助が認められるようになりました。これは，送迎時の居宅内介助をケアプランおよび通所介護計画に位置づけた上で，送迎時に介護福祉士などが利用者の居宅において服薬や着替え，火の元・戸締まりの確認などを行った場合にサービス提供時間に含めることができるというものです。

　送迎時は生活が垣間見える瞬間です。ぜひ住環境や生活動作のアセスメントを行い，職員間で共有できるようにしていきましょう。また，デイサービスでの機能訓練で動作が向上すれば，「このようにすれば車いすに楽に移ることができますよ」などとアドバイスし，家族の介護負担を軽減していくことも大切な役割と言えるでしょう。

認知症を進行させそうな住環境

ジュンコ：認知症の人の住環境には，どのようなことに留意が必要ですか？

リハ達人：認知症の人が暮らす環境は重要です。環境を整備することによって認知症の進行を予防したり，BPSDの軽減につながったりすることも多いです。

マイラ：雨戸やカーテンを閉めきって部屋の中が暗いと，認知症が進行してしまいそうですよね。

リハ達人：そうですね。**居室が1日中暗いままだと生活リズムが狂って，昼夜逆転してしまう原因になります**。それに，風通しが悪く換気ができていないこともあるでしょう。夏は窓を閉めきったままだと，脱水症にもなりやすいです。

マイラ：雨戸やカーテンを開けて日光を取り入れて昼夜のメリハリをつけたり，窓を開けて風通しをよくしたりすることが大事なんですね。水分補給ができていなくて在宅で脱水になる人も多いですね。

ジュンコ：時間や季節感を感じていただくことも大切ですよね。

リハ達人：認知症の人は，**見当識障害**といって時間感覚が分からなくなる症状が出やすいので，壁にカレンダーを貼ったり時計をかけたりして，日時の分かりやすい部屋にすること。それと同時に，テーブルの上に季節の花や果物を置いたりすることで四季を感じやすくする工夫も重要です。

マイラ：桜や紅葉など四季を感じられる外の景色が見えるとよいですよね。

リハ達人：ご近所力はどうでしょう。玄関へのアクセスがよくない家も，認知症を進行させやすくなります。ご近所の人が寄りにくい家に住んでいると，閉じこもりになりがちです。ご近所さんとの交流ができる環境も大切です。

ジュンコ：ご近所力も環境ですものね。

マイラ：**閉じこもり**って，どんな状態なのですか？

リハ達人：寝たきりでもないのに，外出の頻度が週に1回とか，場合によってはまったく家から出ないといった状態です。高齢者の閉じこもりは今，社会問題となっていて，1～2割の高齢者が閉じこもり状態だと言われています。また，ある自治体の報告では，**閉じこもりの高齢者のうちの3割が1年後に寝たきりになっている**という報告もあります。

マイラ：どうして閉じこもりになってしまうのでしょう？

リハ達人：「うつ」「認知症」「運動機能低下」「口腔機能低下」など，原因はいろいろ考えられます。認知症のため徘徊などで行方不明になってしまうことが心配で，家族が外に出さないということもあるでしょうね。また，耳が聞こえにくく，人とコミュニケーションをとるのがおっくうになっていることが原因かもしれません。外

で転倒，失禁などを経験し，外出しないという人もいますね。

ジュンコ：療養で長期間，家に閉じこもりになっていたことから，他者との交流がなくなり，会話やコミュニケーションの機会が減って，どんどん気分が落ち込んできて，うつ傾向になるという人もいました。

リハ達人：そうです。高齢になってくると友人を失った，生きがいを消失した，家庭内に役割がなくなったということで「うつ」状態となり，外出しなくなる人も多いです。

マイラ：そんな「ないないづくし」だと，私でも閉じこもっちゃうわ。

ジュンコ：**口腔機能の低下が閉じこもりの原因**というのは，どうしてですか？

リハ達人：楽しく食事が食べられないとか，人とうまく話せないということが心的なストレスとなるようです。

ジュンコ：なるほど。口腔機能の低下が見られたら，すぐに歯科医に相談したり，デイサービスでの口腔ケアを実施したりする必要がありますね。

リハ達人：人との交流ということで言えば，家族と同居していたとしても，奥の間に一人で過ごしており，家族と断絶している高齢者も見受けられます。食事の時間は家族と共に過ごし，同じテレビの番組を観る，共通の話題を持つなど，閉じこもり予防のアドバイスも必要ですね。

ジュンコ：家の中で歩いて転倒したら大変だからと，家族が必要以上に本人の安全面を気にしてベッドとポータブルトイレのある部屋に閉じ込めて**寝かせきり**にしているケースがありました。

マイラ：それだと認知症も心配だし，寝たきりにもなりそうですよね。

リハ達人：安全面に気をつけることは大事ですが，そればかりに気をとられすぎると自立を阻害し，認知症をますます進行させることになりかねません。転倒の心配があるのなら，歩行器を活用したり，手すりを設置したり，いざり動作で移動するなど，転倒予防の工夫もたくさん考えられます。

　いずれにしても，**デイサービスは立派な外出の機会**です。皆さんのデイサービスが，この社会問題となっている閉じこもりの予防・改善の立役者になってもらいたいですね。

Point Check !
- ☑ 認知症の人の住環境で，居室が閉め切られ1日中暗いままだと生活リズムが狂って昼夜逆転してしまう原因になります。
- ☑ 見当識障害の予防のためにも日時や季節を感じてもらえるような工夫が必要です。
- ☑ 閉じこもりになる要因を理解し，予防的アプローチを用意しましょう。

⑨ レクリエーション

認知症の症状がレクリエーションによって緩和されるということはよくあります。できるだけ参加してもらえるように工夫をしていきましょう。認知症や中重度の利用者でも楽しめて，効果が見込めるレクリエーションを考えてみましょう。

認知症の人のレクリエーションは難しい！

ジュンコ：認知症の利用者にもレクリエーションに参加してもらい，身体を動かしていただこうと思っているのですが，**ゲームのルールが分からない人**や，**負けたらすぐ怒る人**，**集中力がなくてほかのことに気を取られてしまう人**などが多くてなかなかうまくいかないんです。認知症の利用者には，グループで行うレクリエーションに参加してもらわない方がいいんでしょうか？

リハ達人：理解力や運動能力には個人差があるので，どんなものにでも参加できるというわけではありません。新しいことを覚えることは苦手な人が多いですから，グループでゲームをする時には，ルールを単純化したり，個別に職員が付き添って対応することなどが必要です。また，その人の生活歴から有効なレクリエーションを探してみましょう。意外とぴったりとはまるレクリエーションが見つかることもあります。

マイラ：そうですよね。ルールが難しすぎて理解できないんだと思います。お勧めのゲームはありますか？

リハ達人：デイサービスなどの現場でよく行われているのは，季節の行事のほか，シンプルな体操や風船バレー，ボーリングなどの簡単な運動ゲーム，あとはカラオケや合唱，クイズやパズルなどの頭の体操など，やり方次第では盛り上がりますよ。

　風船バレーの場合も，対戦式にするのではなく，何回落とさずに打つことができたか，その数を数えるというようにルールを単純化したゲームが実施しやすいでしょう。私が開発した「Ban! Ban! バルーン」もお勧めですよ（**資料1**）。

マイラ：認知症の人は集中力が持続しないことが多いのですが…。

リハ達人：グループでレクリエーションを行う場合は，短時間で楽しく行えるものにするとよいでしょうね。1つのゲームにつき15分くらいを目安とすればよいのではないでしょうか。

資料1　認知症の人にもお勧めの「Ban! Ban! バルーン」

実践方法

Ⅰ．バルーンカーリング（4〜8人程度）

〈遊び方〉

① 4〜8人程度でマトシートを囲み，紅白の2チームに分かれます。

② 先攻・後攻を決め，交互に中央のマトシートにめがけて，バルーンを打ち込みます。バルーンが1チームにつき2個の場合，マトの中央に遠い方のバルーンを次の打者が使用します。

③ 最後にマトシート中央の一番近くにバルーンがあるチームの勝ち。
（特点合計で競ってもよい）

※ヘリウムガスとバルーンのセット（別売り）で，各人にバルーンを用意する，あるいは赤・青・白など風船の色を3色にして3チームに分かれて行うと，さらにゲームが盛り上がります。

> 作戦いろいろ…
> アタック：中央に近い相手のバルーンめがけて打ち込み，飛ばしてしまいます。
> ブロック：味方のバルーンを守るため，相手のアタックコースを阻む場所にバルーンを打ち込みます。
> 風船の高さを変える：体格に合わせてバルーンの紐を短くしたり，長くして風船の高さを変えて打ち込むことができます。これにより相手のアタック攻撃を回避できるかも！?

Ⅱ．バルーンダーツ（個人競技）

〈遊び方〉

① マトシートより2m離れたところからバルーンを打ち込みます。
（1人が4つ連続で打ち込む）

② マトシートの中央から100点・70点・30点・10点と点数をつけ，4つのバルーンの合計点を競います。※マトシートまでの距離は身体能力により加減する。

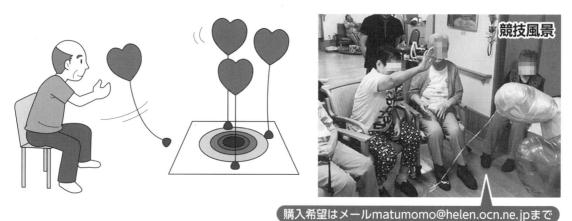

競技風景

購入希望はメールmatumomo@helen.ocn.ne.jpまで

Point Check!
- ☑ 認知症の人は理解力や運動能力の個人差があるので，レクリエーションで行うゲームのルールを単純化するなどの工夫が必要です。
- ☑ 認知症の人は集中力が持続しないことが多いので，1つのゲームにつき15分くらいを目安としましょう。

座る席は決めた方がいいの？

マイラ：理解力の差で利用者同士，口げんかになっちゃうこともあるんです。

リハ達人：認知症の人でグループになってもらう時は，楽しい雰囲気で取り組める5～6人の小グループに分かれてもらうくらいがよいと思います。それと，**相性のよい顔ぶれで，なじみの関係をつくっていく**方がよいでしょう。

ジュンコ：そうですね。なじみの関係になると，会話もはずんで，効果も高まりそうです。そう考えると，利用者には決まった席に座ってもらった方がよいのでしょうか？　レクリエーションなどで席に座る時に，どこでもおかまいなく座る人もいれば，自分の席を決めている人もいます。

リハ達人：人には，「帰巣本能(きそうほんのう)」という自分の定位置を決めて，そこを拠点に動こうとする本能があります。自分のいつもの席に他人が座っていると，不愉快になって怒り出す人がいますね。また，自分の席がないと，おろおろして身の置き場がないように感じる人もいます。

ジュンコ：うちのデイサービスでは，自由に移動して話したい人と話す，してみたいレクリエーションや作業をする，そんなふうに決めて過ごしてもらっているんですが。

リハ達人：認知症の人の場合は，落ち着いた環境，居心地のよい環境を準備することが大切です。人が安心するためには，「定位置」というものが重要な意味を持っています。**落ち着かない認知症の人には定位置を決めてあげることが大切**だと思います。

マイラ：隣に座っている人も重要ですよね。認知症の人と会話して「同じことを何回も言う！」と言って怒る人もいます。認知症に理解のある人となら，和やかに会話が続くなんていう場面もありますよね。

リハ達人：短期記憶が低下している人同士だと同じ話でも新鮮に話し合っている，なんてこともあります。**職員を含めた周りの人全部が環境**と考えて，落ち着く環境づくりをしていきましょう。

> ☑ 認知症の人でグループになってもらう時は，できるだけ相性のよい顔ぶれで，なじみの関係をつくりましょう。
> ☑ 落ち着かない認知症には，定位置を決めてあげましょう。

認知症のタイプから考えるレクリエーション

マイラ：ゲームで負けたら怒る人へは，どのような対応をすればよいですか？

リハ達人：そういう人は「自分はまだ若い」「まだまだできる」と，自分の老いを認められない人，つまり「葛藤型」の認知症の人に多いですね。怒ったり乱暴な言動をする人は周囲から孤立してしまいがち。人との交流が途絶えるのは心配です。そういう人には勝ち負けのつくゲームに入るのではなく，開会のあいさつや審判役など，**一つ上のポジション**で参加してもらうとよいかもしれませんよ。

ジュンコ：なるほど。表彰状を読み上げて渡すなど，ゲーム運営者として参加してもらえばよいかもしれませんね。そんなふうに，認知症のタイプ別にレクリエーションを考えていけばよいのですね（**表1**）。

リハ達人：そうですね。必ず参加してもらえるということはないでしょうけど，認知症のタイプで考えることができると，いろいろ試すことができますし，アイデアもわいてきますよね。

「回帰型」の認知症の人には，得意な分野や過去の職業など生活歴を踏まえた活動が有効です。

マイラ：そうそう！　地域の歴史に詳しい人や放送中の大河ドラマの解説が得意な人がいます。

リハ達人：「遊離型」の認知症の人には，複雑なゲームではなく，風船やボールを使ったような簡単に楽しめるレクリエーションや分かりやすいルールの遊びをしてもらうとよいでしょう。「できたわ！」「やった，やった」と成功して喜び合えるような精神的な高揚から会話が生まれたりします。

ジュンコ：一体感が味わえるようなレクリエーションがいいんですね。

表1　認知症のタイプに応じたレクリエーションへの参加	
葛藤型	審判役や開会あいさつなど，ゲーム運営者として参加してもらう。
回帰型	得意な分野や過去の職業など生活歴を踏まえた活動に参加してもらう。
遊離型	レクリエーションで「できた」「やった」と喜び合える場面をつくる。

- ☑ 認知症のタイプに応じたレクリエーションへの参加を考えてみましょう。

その人の生活歴から有効なレクリエーションを

ジュンコ：グループでのレクリエーションがどうしても難しそうな人の場合は，やっぱり個別に対応するべきですよね。

リハ達人：そうですね。個別に対応する時は，さっきも言ったように，**その人の生活歴を知って，住んでいた場所や過去の職業，趣味，今まで大切にしていたことなどを参考にしたレクリエーションを考えるとよい**ですよ。場合によっては，認知症の症状が改善されるかもしれません。

マイラ：学校の教師だったという人や，魚屋さんだった人もいます。

ジュンコ：学校の教師だった人には，ほかの利用者さんの脳トレの「答案」を見てもらったり，漢字ドリルや算数ドリルの際に，先生役になってもらって活躍してもらってみてはどうでしょうか？

マイラ：なるほど。魚屋さんだった人には，調理レクの時間に，包丁さばきの先生になってもらうとか！

リハ達人：過去の体験談を話してもらったり，昔の写真を見て語り合ったりするといったことも盛り上がるレクリエーションになりそうです。

ジュンコ：個別のレクリエーションをしていても，集中力が途切れる人にはどう対応していけばよいでしょうか？

リハ達人：**集中力が続く間の参加で十分と考えましょう。**ほかのことが気になり出したら，別の場所にお連れして，好きな飲み物を飲んでもらうとか，散歩レクに切り替えるとか，散歩から帰って，また新たな気持ちでレクに参加される場合もありますよ。

ジュンコ：なるほど，短時間の参加から始めるようにするんですね。

リハ達人：「認知症の人は参加させない」ではなくて，部分的に参加してもらうような工夫がいろいろできると思いますよ。

- ☑ 個別対応のレクリエーションを行う際は，住んでいた場所や過去の職業，趣味や大切にしていたことなど，その人の生活歴を参考にしましょう。
- ☑ 落ち着かない人は参加させない，ではなく短時間での参加ができる工夫をしていきましょう。

達人のTweet 「薬が効く」その裏に…

認知症の人に認知症改善の新薬を飲ませて「今日は調子どう？」「ご気分は？」と（普段は知らん顔の）看護師や医師が声をかける…。やはり薬の効き目が気になるんでしょう。その患者に接触する時間が増えるんですね。

認知症の人は医療職からの問いかけに返事をしているうちに，普段より人との交流が格段に増えているわけです。医療職は「何だか反応がよくなった」「表情が出てきた」「薬が効いてきた」なんて言っているけれど，ホントに薬の効果なのか？　それよりもあなたたちのかかわりが変わったから，反応も変わったんじゃないの！　と言いたくなります。

でも，元気になったという結果が出たのなら万々歳。これはいろいろな場面で応用できそうです。例えば脳トレ。計算問題や漢字の穴埋め自体が脳機能を活性化するのではなく，「答え合わせしましょう」「あ，ここは惜しい～」なんてかわいい女性介護職から声をかけられて，反応がよくなったり，表情がよくなったりする男性利用者。ホントは問題を解いた後のアフターが楽しみなんじゃないでしょうか？

これは純粋に脳トレの効果ではなく，脳トレ実施のプロセスの中に含まれる「人とのかかわり」が元気を引き出していると思うのです。

皆さんのかかわりが，認知症の特効薬にも勝るのかもしれません。

前かがみになれるレクリエーションを実施しよう!!

ジュンコ：重度の人の場合，レクリエーションに参加してもリクライニング車いすに寝ているだけで参加できているとは言えない人もいます。

リハ達人：小さな目標を設定することがコツです。リクライニング車いすに寝ている状態の人は，姿勢を保持することから始めてみましょう。姿勢保持も大切な目標です。食事や排泄など生活動作にはどんな姿勢が大事だったが覚えていますか？

マイラ：もちろん！「前かがみの座位」でしたよね？

リハ達人：そう！　だからレクリエーションを
やる時も，前かがみの座位姿勢を引き出して保つことが基本です（第2章【⑦姿勢】，P.133参照）。前かがみ姿勢は，競技に真剣に打ち込んでいると自然と獲得されることもあります。レクリエーションは，そんな場面をたくさんつくることができると思います。

レクリエーションを行う際，座位が安定しない人には前腕が置けるオーバーテーブルを用意すると参加しやすいですよ。

> **Point Check!**
> ☑ 重度でリクライニング車いすの利用者にも「前かがみの姿勢」が取れるように工夫して，できるだけレクリエーションに参加してもらいましょう。

外出レクの機会を生かして機能訓練！

ジュンコ：機能訓練の一環として，外出レクを計画に位置づけて実施することもあるのですが，ポイントは何ですか？

リハ達人：外出レクは，訓練室の外で行う実践的な機能訓練です。五感の刺激にもなりますし，一緒に行動する人たちや普段は接することのない外部の人とのコミュニケーションによって，社会性を高めることにもなります。

外出レクを実施する際は，行く場所の下見をしっかり行うことや手段や季節を吟味することが大事です。また，利用者の機能訓練とリンクさせた目標を考えることがポイントです。例えば，「神社にお参りに行く」という外出レクの計画をした場合，その人の機能に応じた目標を立てることができます（**資料2**）。

マイラ：「初詣で神社にお参りに行く」といった場合，その日の体操で参拝動作の「鈴を鳴らす」「賽銭を投げる」といった動作を練習したら，「久しぶりで忘れてたな〜」なんて喜んでもらえました。そして実際に神社に行ったら，個別にしたいことも出てきます。写生をしたい人，孫に合格祈願のお守りを買いたいという人もいます。

ジュンコ：「神社にお参りに行く」といった外出レクを行うとしたら，それまでにどのような機能訓練が考えられるでしょうか？

リハ達人：未舗装の地面を歩くことになるでしょうし，神社の石段など不揃いの段差を昇降する必要も出てくるでしょう。坂道も多いと思います。そういった屋外での活動を想定した歩行や，昇降の練習を機能訓練として行うとよいでしょう（**表2**）。

資料2　指定居宅サービス等及び指定介護予防サービス等に関する基準について

（平成11年9月17日老企第25号）

（2）指定通所介護の基本取扱方針及び具体的取扱方針

指定通所介護は，事業所内でサービスを提供することが原則であるが，次に掲げる条件を満たす場合においては，事業所の屋外でサービスを提供することができるものであること。

　イ　あらかじめ通所介護計画に位置付けられていること。
　ロ　効果的な機能訓練等のサービスが提供できること。

表2　外出レクを想定した機能訓練

- 屋外歩行（未舗装の地面を歩く必要あり）
- 段差昇降（不揃いの段差を昇降する必要あり）
- 坂道昇降　　●屋外での車いす走行

マイラ：具体的な目標を立てるということが大切なのですよね？

リハ達人：そうです。利用者本人や家族に「どこに行きたいですか？」と聞くと，意外な目標が現れることがあります。

マイラ：「お墓参りに行きたい」「昔家族でよく行ったなじみの店に行きたい」…。

リハ達人：デイサービスから個人的に連れて行くことは難しいかもしれませんが，周辺の環境を調べ，そこに行くことを目標に施設内で練習をしていくことができます。
　　例えば，お墓参りに行くために必要な動作を考えるなら，「家から現地までの移動（屋外歩行・公共交通機関の使用など）」「荷物を持って未舗装の地面を歩いたり，高い石段を登ったりする」「お墓の掃除をする」…これらに必要な動作を練習していきます。

ジュンコ：**デイサービスで荷物を持ちながら歩行練習や段差昇降を練習するなどといった機能訓練が可能ですね。テーブルや窓を拭くなどの動作は「お墓の掃除をする」練習にもなりますね。**

デイサービスでテーブルや窓を拭くなどの動作は
「お墓の掃除をする」練習になる！

Point Check!
- ☑ 外出レクは，五感への刺激や社会性を高める訓練室の外で行う実践的な機能訓練です。
- ☑ 外出レクを計画する時はあらかじめ通所介護計画に位置づけ，効果的な機能訓練となるようサービス提供をしましょう。

達人のTweet
レクリエーションとして実施される認知症の人への非薬物療法

　回想法やRO（リアリティオリエンテーション），学習療法などは，認知症の人へのレクリエーションの一環として行われることが多い非薬物療法です（表3）。

　私はこれらの療法を進んで実行しているわけではありませんが，いろいろな考え方を知り，よい部分を自分たちのケアに取り込んでいくようにしています。認知症の症状に問題点を見つけ，診断し，患者として治療するのではなく，認知症の人が主体となって自発的な行動を促すもの，安心した環境や関係づくりを大切にしたものが多く，参考になります。

　基本的な考え方を押さえると，いろいろな場面でこれらの手法を使うことができるようになるでしょう。例えば，送迎中の街の風景を見ながら話すことはROでもあり，回想法にもなり得ます。日頃の日課に取り入れられることはないか考えてみてください。

表3　認知症の人への非薬物療法

回想法	昔のことを回想し複数の利用者で話し合うのが一般的。思い出話に花が咲く，高齢者が教える立場になる，など。
RO（リアリティオリエンテーション）	時間や場所，人物に対する見当識障害を有する認知症高齢者に対して，現実認識を深めることを目的とした療法。
学習療法	漢字や計算などを実施。脳トレと言われ人気。達成感，承認欲求のある人，あるいは過去に事務作業などを仕事にしていた人には向いている。
アロマセラピー	人間は五感を刺激されることで，脳が活性化される。素敵な香りを嗅覚で感じてもらうことで落ち着く人もいる。言葉で伝えるよりも，五感を通して落ち着いた雰囲気を醸し出す，そんな工夫をしている施設もある。
ユマニチュード	フランスの認知症ケアの技術。対話のエチケット，相手のペースを大切にしたかかわり方が紹介されている。ひと昔前の病院では「患者が言うことを聞かない」と言っていたが，今はユマニチュードの手法が浸透してきて，認知症ケアが医療機関にも「認知」されてきた（!?）。
バリデーション	アメリカのソーシャルワーカーによって生み出された認知症高齢者とのコミュニケーション技法。接する上で「うそをつかない」「ごまかさない」ことで，信頼関係が深まり，高齢者の言葉の奥にある"真の訴え"を理解する，という基本的態度を重視する。

⑩ 役割・交流

役割があり，誰かの役に立っていることを実感すると，認知症の人でも表情が豊かになり，BPSDが軽減したという話はよく聞きます。デイサービスや家庭の中で役割を持って，家事などのできることはしていただく，また地域の人たちと交流を持つことで人生を豊かにする。私たちは，そんなかかわりを実践していきたいものです。

役割づくりを考える時の3つの条件

マイラ：日本人は働き者で，歳をとっても家事を積極的にやりたいという希望を持っておられる人が多いように思います。

ジュンコ：認知症の人でも家事をやりたいと思っているのでしょうか？

マイラ：デイサービスに来られる認知症の利用者で，誰かの役に立ちたいと思って「何かやることはない？」と言ってくださる人がいます。

リハ達人：「ここに来たら自分の仕事がある」と思える，一人ひとりにそんな役割を持ってもらうことはとても大切です。

マイラ：役割ですか…どんな役割でもよいのでしょうか？

リハ達人：それをすることによって，その人の生きがいにつながったり，生活が充実したり，人間関係がつくられたりすることが望ましいと言えます。

理学療法士の三好春樹氏は，認知症の人への役割づくりを考える際に，次の3つの条件を提唱しています（**表1**）。1つ目は「**かつてやっていたこと**」。男性なら昔やっていた仕事，女性なら家事や育児など，できることを考えていくのです。

ジュンコ：元気な時からやっていた趣味とかでもよいのでしょうか？

リハ達人：はい。まずは，過去の趣味や仕事が何かを聞くことから始めましょう。そして，2つ目は「**今でもできること**」。身体機能に負担のない活動を選ぶのです。

ジュンコ：以前はできていたのに，今はできなくなってしまったと感じてしまった

表1　三好春樹氏が提唱する「役割づくりの3条件」

- かつてやっていたこと
- 今でもできること
- 周りの人に認められ，つながること

一部筆者が改変

ら，かえって自信をなくしてしまいますもんね。

マイラ：3つ目は何ですか？

リハ達人：3つ目は「役割を果たすことで周りの人から認められ，つながること」です。役割を果たすことそのものより，他者から認められたり，周囲の人とつながったりすることが大切だということです。

ジュンコ：他者とつながることで生きがいを見いだす人は多いですね。

マイラ：利用者にとって私たちも周りの人の一員。つながったり，感謝を表したりするということが大切ですね。

☑ 利用者の役割づくりを考える時は「かつてやっていたこと」「今でもできること」「周りの人から認められ，つながること」といった3つの条件を考慮しましょう。

認知症の利用者への失敗しやすいプログラム

マイラ：私がかかわっている利用者の話を聞いてください。

リハ達人：どんな人ですか？

マイラ：66歳の女性のDさんです。認知症（アルツハイマー病）があり，身の回りの動作は自立しているのですが，家での家事は旦那さんが行っています。でも，Dさんは，自分も少しは手伝いたいと思っているんです。

リハ達人：自分にも役割を持ちたいという思いがあるということですね。

マイラ：デイサービスの日課で「本日のお昼ご飯にトライ」という取り組みがあるのですが，Dさんがかねてから希望だったハンバーグづくりを行ったんです。野菜を切って，ひき肉や小麦粉の分量を計り，混ぜて，こねるなどの手順を行っていました。スタッフが少し離れているうちに，Dさんはパニックになってしまって材料を床に落としてしまったんです。Dさんは，しょんぼりしていると，ほかの利用者から「失敗したのは，あの人のせいだ」と怒られてしまったんです。

あの日からDさんは「何もやりたくない」と言って，調理をしていても近づこうともしなくなっちゃって…。

リハ達人：それは残念でしたね。認知機能が低下してくると，順序立てた手順を行うことは難しくなります。いわゆる「実行機能障害」と呼ばれるものです。認知症の人の場合，いきなり難しい課題にトライさせてしまい，失敗体験となると，「不快

の感覚」も残ってしまい，再びトライすることが難しくなります。

マイラ：この場合，Dさんに「できなかった」「人に怒られた」という「不快の感覚」を植え付けてしまったことになるんですね。

リハ達人：そうですね。せっかくDさんに取り組んでもらったのに，この結果は残念です。もちろん失敗もスパイスになりますし，すぐに忘れて明るく取り組んでくれる人もいるでしょうけれど，できれば失敗を回避できるような工夫も必要ですね。

マイラ：失敗を回避するにはどうすればよかったんでしょうか？

リハ達人：いろいろ考えられますが，例えば，次のような工夫をしてみたらよかったかもしれませんね。

- 「みじん切りに切りましょう」など野菜の切り方を書いた紙を貼る
- 写真あるいは実物を見本として見せる
- 同じ作業をする人を見ながら作業をしてもらう
- 仲の良いグループで実施する
- 「切る」「混ぜる」「分量を量る」など得意なところだけ行う

マイラ：その人の「できる動作」を考えて，環境を整えていくということですね。

☑ 認知症の人の「役割を持ちたい」という思いを尊重し，失敗体験にならないように工夫をしましょう。

認知症の人にも役割を！

リハ達人：家事は，身体面と精神面の両方から脳を刺激します。認知症の人であっても，デイサービスや家庭内での役割をつくり，家族や他の人の役に立つということは大きな満足につながります。

ジュンコ：認知症の人に家事をしてもらっても大丈夫なのか心配ではありますが…。

リハ達人：認知症の人に家事をしてもらうことは，一見危険のように思えるかもしれませんが，それはできないことを無理にした場合です。認知症の人でも家族と連携しながら，「これはできそう」ということを選んでいく。進め方次第で積極的に家事に参加してもらえるケースもありますよ。

マイラ：認知症の人に在宅での家事を任せちゃってもよいのでしょうか？

リハ達人：認知症の人は記憶障害によりさっき行ったことを忘れる傾向にあるので，例えば，調理をしていて火をかけているのを忘れて外出してしまうなんていう事故

が起こる可能性は大いにありますよね。そういったリスクが考えられることについては，任せっきりにするのではなく，在宅では家族やホームヘルパーが，デイサービスや施設では介護スタッフが，しっかりと見守った上で行ってもらうべきです。

マイラ：分かりました。私たちが見守りながら認知症の人に家事を行ってもらう上で，気をつけることはありますか？

リハ達人：材料を落としてしまったDさんのように，**失敗体験にならないようにする**ことですね。記憶力が低下してすぐ忘れるという認知症の人にも，快・不快の印象は残ります。ほかの利用者から頭ごなしに注意されるような事態になると，その作業へのやる気を失ってしまうでしょう。

ジュンコ：Dさんのように一度落ち込むと，二度とやってもらえないということにもなりかねませんよね。**失敗が回避できるように見守りながら作業をしていただく**ということに気をつけたいと思います。

マイラ：洗濯物を干したり畳んだり，テーブルを布巾で拭いてもらったり，買い物について来てもらって，軽めの荷物を持ってもらったりということは，認知症の人にしてもらいやすい家事かと思います。

リハ達人：そうですね。例えば，洗濯物をきちんと畳めていなくても，本人の前で畳み直しをすることは避けましょう。

「洗濯物を畳んでくれてありがとう」「買い物についてきてくれて助かりました」という気持ちを伝えることが，本人の達成感につながるでしょう。楽しい活動は継続しやすいです。「継続は力なり」です。続けているうちに対応力が身につく，判断力が向上するといった効果が出てくることもあります。

マイラ：そう考えると，デイサービスの日課の中で家事として行っていただけるメニューがありますね。**テーブル上のゴミを集める，お盆を拭く，タオルを畳む，花の水やり，戸締まりチェックなど**，いろいろ思いつきました。

Point Check!
- ☑ 認知症の人にできる家事はたくさんあります。危ないといって遠ざけるより，見守りながら実施していきましょう。
- ☑ たとえうまくできなかったとしても，「洗濯物を畳んでくれてありがとう」「買い物について来てくれて助かりました」という気持ちを伝えることから始めましょう。

家事は立派な機能訓練

マイラ：そう考えると，家事動作ってすごい機能訓練と言えますね。

リハ達人：そのとおりです。認知症だからといって，施設や自宅で何もしない生活を送っていると身体機能も衰えていきますし，脳が活性化せず，ますます認知症が悪化してしまいます。

マイラ：「何かやることはない？」って言われたら，やってもらえることを探さないといけませんね。

リハ達人：そうですね。「今は間に合ってます」なんて言わないで，無理のない範囲でやってもらえばよいと思いますよ。例えば調理なら，お湯を沸かしながら野菜を切るといった複数の作業を同時に行うことが多いので，脳の活性化や認知機能の低下を防ぐことにつながります。掃除する時の動作でも，ほうきを使った動作，雑巾を使った動作，ブラシやタワシを使った動作などを考えると，マシンで筋力トレーニングばかりするよりもよっぽど実践的な機能訓練だと思いませんか？

ジュンコ：体を動かすことで身体機能や認知機能の維持・向上につながりますし，家事ができるようになることで，住み慣れた家で暮らし続けることだってできますよね。

マイラ：「リハビリテーション」には，特殊なマシンで筋力トレーニングしたり，ひたすら歩行訓練をしたりするイメージがありましたが，**日常生活の中で少しずつ家事をしていく，そんな視点でリハビリメニューを考えた方が実践的**なのですね。

リハ達人：**機能訓練のメニューを家事動作から考える**ということはよいことです。その人がやりたいと思う家事や，どんな道具を使っているかを聞きながら行っていくとよいでしょう。テーブルを拭く，茶碗を洗う，ご飯をよそう，お茶を入れるなどといった家事は何十年間，何万回と行ってきた動作です。そのような動作や行為は認知症がかなり進行していても身体が記憶していて，結構できるものです。デイサービスや施設などでも，利用者にできる範囲のことは，どんどん手伝ってもらいましょう。その人にできることは積極的にやってもらうことを心がけていくことで，その人の自信を取り戻す機能訓練となっていくのです（図1）。

家事をすることで身体機能や認知機能の維持・向上になる！

図1 デイサービスで行う家事
利用者に手伝ってもらいながらの食事の用意

男性の利用者が家事を行うところを見た認知症の女性利用者から「私もやるわ」と言ってもらえることもあった

Point Check!
- ☑ 家事は複数の作業を同時に行うことが多いので，脳の活性化や認知機能の低下を防ぐことにつながります。
- ☑ 以前より行ってきた行為や動作は，認知症があっても身体が憶えているものです。

家庭での役割を持ち実践的な脳トレを

写真1 買い物リハビリの様子

ジュンコ：先日，デイサービスで「**買い物リハビリ**」という時間を設けてみたんです（**写真1**）。本人の買いたいものもさることながら，家族と情報交換して「これを買ってきてほしい」というものを聞いて，買い物をするということをしたんです。そして家族には，頼んだものを買ってきてもらえたら「助かったわ」と感謝の一言を伝えてもらえるようにお願いしておきます。

表2 「買い物」の脳トレ効果

- 財布の中身を想起する
- 献立から必要な材料を考える
- 値段の比較
- 冷蔵庫の中を想起する
- 季節に合った献立を考える
- 試食して味覚を感じる
- どのレジが速いか見極める

リハ達人：いいですね。誰かの役に立つ，お願いされるなどといった経験は，要介護状態や認知症になると，すっかりその人の人生から抜け落ちてしまっているのです。もう一度頼りにされる，感謝される，という暮らしに近づいてもらえるようなプログラムになるのが「買い物リハビリ」の醍醐味です。

ジュンコ：それに，買い物って，自分のことを考えても分かりますが，献立から何が必要かということを考えながら店を回りますし，すごく脳を活動させますよね。

リハ達人：それだけじゃないですよ。「財布にいくらあったか」という経済感覚も必要ですし，「これとこれどっちが安いか」といった比較する力や「冷蔵庫に卵がなかったな〜」という記憶を想起する力も必要です。「もう秋だからナスがおいしそう」といった季節感も感じることができます。

マイラ：私なら試食品を味見して回る！

リハ達人：ハハハ！　そんなふうに脳をフル回転させるのが「買い物」です。ひたすら計算問題や漢字の書き取りをする単調なトレーニングをするよりも，買い物は実践的な「脳トレ」になるのです（**表2**）。

マイラ：「どのレジが速いか！」を見極める力もいります。前の人の買い物内容をそれとなくチェックして「この人，キャベツとトイレットペーパーだけだから速そう。この人の後ろに並ぼう！」なんて…。

リハ達人：施設内で機能訓練ができたら，次のステップは社会参加です。地域に出ることは素晴らしいことです。

Point Check!
- ☑ 「買い物リハビリ」の取り組みは，誰かの役に立つ，感謝されるといった経験につながります。
- ☑ 買い物は，記憶の想起，経済感覚，季節感などの実践的な「脳トレ」です。

達人のTweet 買い物難民を救え

昔ながらの商店街が消え，大型店舗に車で行って買い物をするライフスタイルが定着してきました。それによって買い物に行けない人が高齢者を中心に急増し，社会問題になっています。こういった人たちは「買い物難民」と呼ばれています。

この買い物難民を救うために，買い物ができるデイサービスをつくってみてはどうでしょうか？ もちろん食料や日用品のすべてをデイサービスの買い物で購入できるわけではありません。ホームヘルパーや家族の協力を得ていくことが大事です。しかし，その支援が不足して，実際困り果てている人も多いです。

買い物は本来のデイサービスの役割ではありませんが，超高齢社会で在宅生活を支えるために何が必要かは，いつも考えていくべきだと思います。

生活を支える「橋渡し」として，買い物機能も兼ね備えたデイサービスは，これからの社会で大きな役割を果たすと考えられます。そういった柔軟なサービスのあり方が，今後検討されていくべきだと思います。

機能訓練を家事動作に生かそう

マイラ：「家事を自分でできるようになりたい」という人の訓練のメニューを考える時のポイントは何ですか？

リハ達人：機能訓練の動作は訓練室の中で完結してしまいがちです。できるだけ在宅の状況を知り，生活を行う上で必要な動作をピックアップしていくといいですよ。

ジュンコ：運動することで体力は向上してきているんだけど，その後どうしていけばよいのか分からないということが多いです。

リハ達人：これまでの運動で体力が向上したことは素晴らしいことですよ。その上がった体力で何がしたいかということを本人に聞いていくことが大切です。例えば，買い物の場面を思い浮かべて，どんな動作が必要か考えてみましょう。

マイラ：え〜と，カートを押す，物をつかんでカゴに入れる，カゴのものを袋に詰める，袋を持って歩行する…。

リハ達人：デイサービスではよく歩行訓練をしますよね。それは買い物の動作の何につながりますか？

ジュンコ：**歩行練習は「カートを押す」「袋を持って歩行する」という応用歩行訓練に変更できました。** そう考えると，施設で行ってきた関節可動域の訓練が，買い物の際に上の方の棚の物を取る，そんな実践動作にもつながっていたんだと実感しました。

歩行練習は「カートを押す」「袋を持って歩行する」ということにつながる

リハ達人：そういうことです。**少しゲーム感覚でやるなら，テーブルに置いたいろいろな形のものを，立位でレジ袋に移し替えるということをやってみてもよい**かもしれません。

マイラ：そのゲーム感覚で…というのがレクリエーションのようで面白そうですね。

リハ達人：調理動作を想定したゲームとして，やかんに入れた水を「計量カップに500ccちょうど入れましょう」とか「湯飲みにこぼさずに満タンに入れましょう」といったゲームをしてみるのはどうですか？ 失敗しても大丈夫な環境で，みんなで笑いながら行えるゲームがお勧めです。

まっすぐに立つように入れられるとGOOD

マイラ：洗濯動作の行程を想定して，「タオル10枚畳み競争」とか「洗濯物の取り込み競争」とか。

リハ達人：レクリエーションの一環として，競争すると盛り上がるかもしれませんね。ちなみに，片麻痺があって洗濯物がうまく干せない人のために，片方の手だけでも物干しの作業が行いやすいお勧めの福祉用具がありますので参考にしてください（**写真2**）。洗濯物干しの家事が自立しますよ。

ジュンコ：ほんと！ これなら片手で動作できますね。難しい部分は福祉用具で補っていくことも大切ですね。もっといろいろな物を知っておかないといけないですね。

写真2　片手でできるクリップの使い方

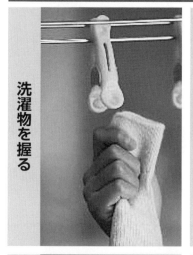
洗濯物を握る

指を開く

バネを握る力がいらないので、軽い力ではさむことができる

指でクリップを閉じて

できあがり！

商品名「ありがとうCLIP」
（Image Craft株式会社）

- 機能が向上したら何がしたいか（どんな家事をしていきたいか）を聞いて機能訓練の目標を考えましょう。
- 家事行為の機能訓練もレクリエーションの一環としてゲーム感覚で楽しみながら行うとよいでしょう。

達人のTweet　嗚呼, 哀しき生き物「男性」

　遺伝子の役割…男性は子孫を残すこと，女性は産み育てること。男性は女性の持つ卵子に自分の精子を受精させれば，実は生物学上，役割を終えている…なんていう話を聞いたことがあります。

利用者でも心配なのは男性。1日中，新聞を読んで，お茶を飲んで，誰とも一言もしゃべらずにデイサービスを後にする男性利用者っていますよね。

上記の仮説に基づくならば，それは仕方ないことなのかもしれません。あんまりやりがい，生きがいと周りが騒ぎ立てるのも可哀想な気がします。男性の利用者は何かやりがいがあったらラッキー，ダメモトで，レクリエーションや役割づくりを提案していくのがちょうどいいんだと思います。

施設の中をお祭り気分に！

マイラ：日本は四季を通じていろいろな行事があってステキです。

リハ達人：認知症の人にも分かりやすいように，施設やデイサービスの壁にできるだけ大きなカレンダーを貼って，季節のイベントを書き込んでおくとよいでしょうね。季節感たっぷりの手づくりのカレンダーをデイサービスのレクリエーションなどで作ったりするのはどうでしょう？

ジュンコ：そこに地域のイベントや施設の行事を書き入れていくんですね。

リハ達人：花見や紅葉狩りなど，より季節を感じられるもの，昔の思い出がよみがえってくるものなどの行事があるとよいですね。

ジュンコ：そういえば，利用者のYさんが以前から「ひまわり畑が見たい」って言っていたわ！ 今度の開催期間を調べてデイサービスの外出レクとして行ってみましょうよ！！

リハ達人：そうやって一人ひとりの利用者の顔を思い浮かべてデイサービスの行事を企画するのが一番です！ まずは1人の人に喜んでもらうために企画してみるということが盛り上がる秘訣だと思います。

マイラ：え〜，でも1人の人にえこひいきしているってことになりませんか？

リハ達人：「この利用者に喜んでもらいたい」と企画しながら，誰もが参加しやすいようにしていくと，きっとほかの利用者も同じように喜んでくれる企画になりますよ！

また，皆さんの住んでいる町の目玉になっているきれいな景色を見に行ったり，おいしい食べ物を食べに行ったりすることを行事の中に組み入れられるといいですね。

マイラ：それは最高です！ おいしいものの企画なら任せて！

ジュンコ：私たちの町では春の祭りが特ににぎやかで，それを楽しみにしている利用者が多いです。でも，デイサービスから祭りに行くというのは実際には難しいかも…。

マイラ：デイサービスの雰囲気を祭りに変えちゃうというのはどうですか？

リハ達人：それはよいアイデアですね。飾り付けをして，職員が法被を着る，昼食はお寿司や刺身の祭りメニュー，そんな工夫で十分施設内をお祭り気分にすることができるはずです。

　大切なのは，そういった**工夫や取り組みを通じて，利用者に積極的に参加してもらい，利用者同士あるいは地域の人たちとの交流を図る**ということです。そうすることで利用者の生活にメリハリができ，身体機能や脳の活性化につながります。

- ☑ 施設で実施する行事は，一人ひとりの利用者の顔を思い浮かべて企画していくとよいでしょう。
- ☑ 地域でお祭りなどがある時は，施設内もお祭りの飾り付けをするなどして雰囲気を工夫しましょう。

世代間交流のススメ

リハ達人：最近は，世代間交流を実施するデイサービスも増えてきたようですね。

マイラ：世代間交流？

ジュンコ：高齢者である利用者さんたちと子どもたちが交流するってことよ。

リハ達人：施設やデイサービスに子どもたちが出入りすることで，とても喜ぶ利用者も多いですよ。複合型施設といって，高齢者や障害者，幼児が同じ敷地内で過ごせる施設もあります。自然と世代間交流ができ，認知症の利用者の心身の活性化や気持ちの落ち着きにつながって，認知症予防に効果があると言われています。

マイラ：え？　でも，うちの施設に子どもなんか来たことがないですよね。

リハ達人：確かにまだまだ施設はクローズな環境です。**高齢者は高齢者だけで過ごす…。でも，どこか不自然なんですよね。**地域の保育園や幼稚園などに私たちの方から積極的にアプローチして，園児たちを施設に呼ぶというイベントを提案していってもよいのではないでしょうか？

ジュンコ：園児たちに歌を歌ってもらったりしたら利用者さん，喜ぶでしょうね。

リハ達人：普段は私たちが話しかけても，全く表情の変わらない利用者でも，子どもたちの元気な姿を見ると笑ったり，「おーい」と声をかけたり，みるみる表情の変化が現れます。**子どもとの交流はどんなリハビリメニューも敵わない！**

表3 世代間交流のメリット

高齢者	●幼かった頃のこと，子育てをしていた記憶などが蘇る ●認知症予防，心身の健康，身体機能の向上につながる
子ども	●高齢者の特徴を理解する機会につながる ●情操教育や社会性の教育につながる

ジュンコ：特に子育てしてきた女性の利用者だったら，その頃の体験が戻ってきて**母性本能**がわき出てきたりするのかもしれませんね。

リハ達人：そうですね。子どもたちにとっても利用者からお話を聞いたり，手芸やパッチワークなどを一緒に行ったりすることは新鮮だと思いますし，利用者とのコミュニケーションにより言語能力が発達する効果があると思います。逆に利用者は子どもたちに教えることで「自己効力感」も高まり，生き生きとした気持ちを取り戻すことができます。

　世代間交流のメリットは意図的な交流だけでなく，意識することのない日常的な交流が生まれるということです（**表3**）。とにかく**子どもと高齢者の相性は抜群です**。ぜひ施設のイベントとして取り組んでほしいです。

ジュンコ：利用者，子どもの双方にとってメリットがあるということですね。イベントとしてだけでなく，普段から子どもと触れ合えるともっといいですね。

マイラ：スタッフの中にも子育て中の人がいるわ。連れてきてもらいましょうよ。

リハ達人：いいですね！　学童保育とデイサービスが共存している形もあります。施設側で託児所のような体制を整えることができれば，働く女性にとってメリットがありますし，人材確保にもつながる可能性がありますね。施設長にも提案しておいてくださいね。

- ☑ 地域の保育園や幼稚園にアプローチして，世代間交流を提案してみましょう。
- ☑ 世代間交流は高齢者，子ども双方にとってさまざまなメリットがありますので，施設のイベントとして取り組んでみましょう。

> 達人のTweet **きんさん・ぎんさんに学ぶ認知症ケア**

皆さんはきんさん・ぎんさんを覚えているでしょうか？「きんは100歳，ぎんも100歳」というテレビCMで一躍有名になった双子のかわいいおばあちゃん。あのきんさんにはマスコミで取り上げられる前には，「1から10まで数えられない」といった中程度の認知症の症状があったそうです。

ところがマスコミに取り上げられ，CM，ニュース，そしてドラマにまで出演しているうちに，どんどんしっかりされたという逸話が残っています（100歳で初めて確定申告をしたそうです！）。

彼女たちがブームになったのは1991年，その頃は「認知症」という言葉はありません。当然認知症の薬もありませんでした。きんさんが認知症改善薬を服用したわけではないのです。では，なぜ劇的に回復したのか？ それはきんさんぎんさんのそれまでの生活に比べて格段に人との交流が増えたことが挙げられます。日本中からの注目，人とたくさん会う，話す，テレビに出る，そんな張りのある生活です。

このエピソードは，認知症ケアの鉄則が「人とかかわること」であることを教えてくれているように思います。デイサービスは人との交流を作り出す宝箱です。ぜひ，きんさんぎんさんに習って，元気に人と交流できるデイを実践しましょう。

地域拠点としての交流場所づくりを

ジュンコ：昔は高齢者施設って，人里離れたところに建っていたけど，最近は地域の真ん中に施設が建っていることが多いですね。

マイラ：駅前の商店街にもデイサービスができていましたよ。

リハ達人：高齢者施設やデイサービスは地域に開かれた形が当たり前になってきています。とりわけ<u>デイサービスは，これからますます地域連携の拠点としての機能が求められてきます</u>。さまざまな世代の人々が気軽に訪れ，楽しく交流する居場所としてのデイサービスをどのようにつくっていくかが今後の課題と言えます。

ジュンコ：デイサービスが地域の拠点として機能していくには，どのような工夫が必要でしょうか？

リハ達人：高齢者施設やデイサービスを地域に開くためのアイデアはたくさんあると思います。前述したように，地域の子どもたちとの交流を図る取り組みをしたり，

資料　新オレンジプランの7つの目標

① 認知症への理解を深めるための普及・啓発の推進

② 認知症の容態に応じた適時・適切な医療・介護等の提供

③ 若年性認知症施策の強化

④ 認知症の人の介護者への支援

> 認知症の人の介護者の負担を軽減するため，認知症初期集中支援チーム等による早期診断・早期対応を行うほか，認知症の人やその家族が，地域の人や専門家と相互に情報を共有し，お互いを理解し合う認知症カフェ等の設置を推進する（認知症カフェ等を，2018〈平成30〉年度から，すべての市町村に配置される認知症地域支援推進員等の企画により，地域の実情に応じ実施するよう目標引き上げ）。

⑤ 認知症の人を含む高齢者にやさしい地域づくりの推進

⑥ 認知症の予防法，診断法，治療法，リハビリテーションモデル，介護モデル等の研究開発およびその成果の普及の推進

⑦ 認知症の人やその家族の視点の重視

厚生労働省：認知症施策推進総合戦略〜認知症高齢者等にやさしい地域づくりに向けて（新オレンジプラン），平成27年1月27日

イベントを通じて地域住民との交流を盛んに行ったりしている施設が増えています。また，デイサービス内やその横にカフェがあって，デイサービスの利用者と町のお客さんが交流できるようになっている施設もあります。

マイラ：デイサービスの一部をカフェとして開放して，地域との交流を持つことができるといいですよね。

ジュンコ：介護する側も，される側も，ちょっとした憩いの時間を過ごせる…そんな場所を提供できればいいですよね。

リハ達人：「オレンジカフェ」って聞いたことはありますか？

マイラ：オレンジカフェ？

リハ達人：「認知症カフェ」とも呼ばれていますが，「認知症施策推進総合戦略（新オレンジプラン）」の中で提案している案件で，厚生労働省が7つの目標を定めて，その中で認知症の人や家族，支援する人たちが参加して話し合い，情報交換などを行う「認知症カフェ」の普及を進めるとしていて，経験者の話を聞いたり，悩みを打ち明けたりできる機会を設けて支援するとされています（**資料**）。

マイラ：認知症の人同士が顔なじみになって，おしゃべりを楽しんだり，悩み事を相談したりできるようになることで，不安や嫌なことを少しでも拭い去ることができますね。

リハ達人：さらに2015年度の介護報酬改定で予防給付の対象となっていた要支援者の介護予防通所介護が，介護保険給付から外されることになりました。その受け皿として，<u>デイサービスでの「コミュニティカフェ」の運営を厚生労働省は期待している</u>ようです。

ジュンコ：地域住民やボランティアなどによる助け合いの一環ですね。

リハ達人：助け合いを「互助」と言います。そして「コミュニティカフェ」は互助であり，財源の問題もあって，今後は介護保険の「共助」から「互助」へとますます移行しつつあります。地域の助け合いの中で，高齢者を支えていくためにも，皆さんの施設でできる方法をどんどん取り入れていってほしいですね。

> - ☑ 認知症の利用者にとって地域の人々と交流することで認知症改善・予防にもつながるため，そういった場所づくりをしていきましょう。
> - ☑ デイサービスは地域の拠点としての機能が，これからますます求められます。「認知症カフェ」や「コミュニティカフェ」などの取り組みも積極的に展開していきましょう。

達人のTweet ミーティングを大切に！

　今，介護現場は人材不足もあり，猛烈に忙しい。そして，介護スタッフに元気がないように感じます。介護スタッフに元気を出してもらうためにミーティングに一工夫しましょう。

　皆さんの職場では，仕事でうれしかったことを話し合ったり，仲間を褒めたりすることをスタッフ同士で照れずに行っていますか？　あまり習慣がないのではないでしょうか？　リハビリテーション医の稲川利光先生（NTT東日本関東病院）は，そういったことをしっかり話すミーティングを実施することを勧めておられます。「利用者のAさんが笑ったんです！」「元気になって，こんなことができるようになったよ！」「家族があなたのこと褒めていたよ！」など…。

業務は忙しいし，気恥ずかしいので，多くの職場では，そういったことを言い合えていないと思うのです。ぜひ，照れくささを越えて，お互いを褒め合うミーティングをもっとするべきです！　そうすると，自分たちが社会で役立っていることが実感でき，仕事の楽しさ，人生の意味が見えてきます。業務改善のために「もっとこうすればいいかも！」なんていうアイデアもそんなミーティングから出てくるのです。介護の仕事は「仲間があってのもの」「連携してなんぼ」ということをお互いに確認し合う場にもなりますね。もし，あなたの職場環境がギスギスして風通しが悪いのであれば，「職場の人間関係もリハビリしてしまう」そんな"アゲアゲミーティング"をぜひお勧めします。

　介護は世の中に残された数少ない『創造的な仕事』だと言われています。多職種が連携し，お互いに尊重し合い，小さな達成を喜んで分かち合う…。そう思うと，この仕事をしている幸せを感じます。私もこれから，そんな職場づくり・地域づくりをしていきたいと思っています。ぜひ皆さんとこの楽しさを分かち合いたいです。一緒にこの介護の楽しさを世に発信していきましょう！！

引用・参考文献
1）厚生労働省：認知症施策推進総合戦略～認知症高齢者等にやさしい地域づくりに向けて（新オレンジプラン），平成27年1月27日

付録 座ってできる！寝ながらできる！簡単体操

高齢で体を動かす習慣がない人，姿勢が崩れたり，関節拘縮があったりする人には，低負荷でできる体操が効果的です。オススメの体操を紹介します。

◆ 初級

骨盤体操（前後・左右）

①骨盤を前後に動かす体操　②骨盤を左右に動かす体操

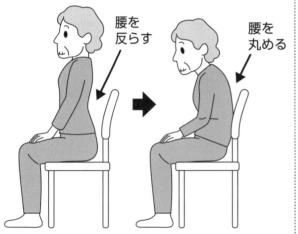

- 座った状態でおなかを突き出し腰を反らす。
- 次におなかを引っ込めて腰を丸める。

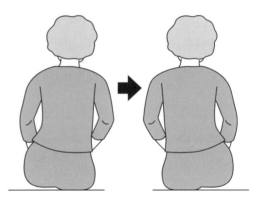

- 左のお尻を浮かせる。
- 右のお尻を浮かせる。
  （頭・体幹は傾かないように水平を保つ）

- 骨盤を前後に動かすことで姿勢が大きく変わります。特におなかを突き出すことで背筋が伸び，姿勢がよくなることを体感してもらいましょう。
- 骨盤を左右に動かしますが，体幹はあまり傾かないように意識します。転倒予防のバランス訓練になります。

体幹ひねり体操（椅座位）

- いすに座り，体幹を左右にひねる。
- 骨盤は動かさないようにする。
- 「後ろの景色が見えるように」と声かけする。

◆ **中級**

舟漕ぎ体操

- 介助者は肩甲骨を触って中央に誘導する。
- 肩甲骨が中央に位置することで，背すじが伸びることを実感してもらう。

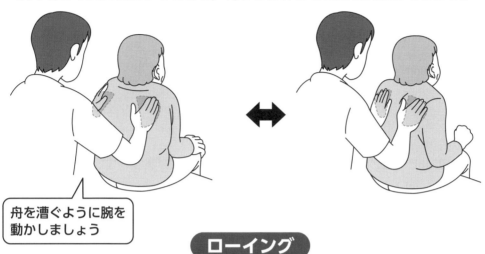

舟を漕ぐように腕を動かしましょう

ローイング

- 肩甲骨を脊柱に引き付ける運動。
- 負荷をかける運動のため，適切な負荷に配慮。
- 身体が後方に傾いてしまったりする代償動作があれば負荷が強すぎる。

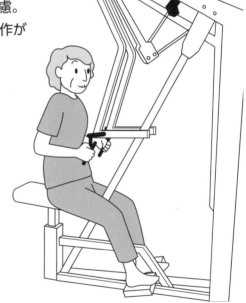

セラバンド体操

- セラバンドを柱などに巻きつけて両端を引く。
- 引き付けた際に両肩甲骨を脊柱に寄せ，胸を張る。
- セラバンドは運動負荷をソフト・マイルド・ハードと変えられるため，何種類か準備する。
- ローイングと同様，身体が後方に傾いてしまったりする代償動作や過度の疲労があれば負荷が強すぎる。

腰が曲がっている人にお勧めの体操

ツイスト運動

- 上半身は動かさないようにして足の重みで身体をひねる。
- 痛みのない範囲で実施する。
- 腰回りの柔軟性を高めることが狙い。

腹直筋の運動

- 体力がない人，痛みのある人は頭を少し上げ，おへそをのぞき込むぐらいの負荷から始めるとよい。
- 体力によって負荷を調節する。

腸腰筋体操

- 片方は曲げ，片方を伸ばすことで腸腰筋に有効なストレッチがかかる。
- 腸腰筋に短縮が見られる人は，この伸ばしている足が曲がってきてしまう。その場合，少し伸ばせるようにリハ職員が介助する。

> 伸ばしている足が曲がらないように声かけする

ヒップアップ体操

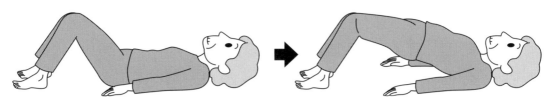

- 腰の痛みのない範囲で行う。
- お尻が上がることで，お尻の大殿筋が収縮するのを感じてもらいながら行う。
- 手の支えなしで行うと，さらに負荷が大きくなる。
- 大殿筋の活性化が腰の曲がりを止め，姿勢の改善につながることが狙い。

低負荷でできるストレッチ

座位でのハムストリングスストレッチ

- いすに浅く座り片足を前に出して，背筋をまっすぐ伸ばして，上半身を倒す。
- 大腿の裏側の筋肉が伸ばされる感覚を感じてもらいながら行う。
- 膝が曲がってしまうと筋肉のストレッチがうまくいかない。

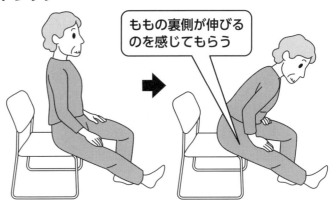

横向き腸腰筋ストレッチ

- いすに座り，前後に足を開いて上体をひねり，背もたれを持つ。
- 股関節が前後に開き，大腿の前面，股関節の筋肉がストレッチされる感覚を感じてもらいながら行う。
- 座位でのこれらの運動により骨盤周囲の筋肉の柔軟性を高め，姿勢の改善が狙い。

股関節の伸展運動

- 安定したいすの背もたれなどを持って行う。
- お尻の大殿筋が収縮するのを感じてもらいながら行う。
- 大殿筋の活性化が腰の曲がりを止め，姿勢の改善につながることが狙い。

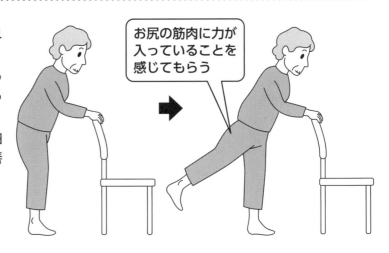

著者略歴

松本健史

NPO法人丹後福祉応援団
デイサービス「生活リハビリ道場」
理学療法士／介護支援専門員
社会福祉学修士

1997年関西大学法学部政治学科を卒業し，2000年に九州リハビリテーション大学校を卒業。同年熊本機能病院に勤務。2004年NPO法人丹後福祉応援団に入り，デイサービス「生活リハビリ道場」の立ち上げに参加。現在，デイサービスを拠点に，在宅，老人ホームにてリハビリ介護のアドバイスを行っているほか，各地で生活リハビリ研修会も開催している。主な著書『介護が楽しく楽になる「生活リハビリ術」理学療法士の21の提案』（ブリコラージュ）。『間違いだらけの生活機能訓練改善授業』（日総研出版）ほか。

認知症利用者・中重度利用者　生活機能訓練
2016年7月25日発行　　第1版第1刷

著者：松本健史（まつもと たけふみ）©

企　画：日総研グループ
代　表　岸田良平
発行所　日総研出版

本部　〒451-0051　名古屋市西区則武新町3-7-15（日総研ビル）
☎(052) 569-5628　　FAX (052) 561-1218

日総研お客様センター
名古屋市中村区則武本通1-38
日総研グループ縁ビル　〒453-0017
電話 0120-057671　FAX 0120-052690

［札　幌］☎(011)272-1821　［仙　台］☎(022)261-7660　［東　京］☎(03)5281-3721
［名古屋］☎(052)569-5628　［大　阪］☎(06)6262-3215　［広　島］☎(082)227-5668
［福　岡］☎(092)414-9311　［編　集］☎(052)569-5665　［商品センター］☎(052)443-7368

・乱丁・落丁はお取り替えいたします。
・本書の無断複写複製（コピー）やデータベース化は著作権・出版権の侵害となります。
・この本に関するご意見は，ホームページまたはEメールでお寄せください。E-mail cs@nissoken.com
・この本に関する訂正等はホームページをご覧ください。www.nissoken.com/sgh

VFがない施設でも、臨床所見・食事場面の観察で評価ができる！

食べて治す！嚥下機能維持・改善

監修・執筆 **大宿 茂**
兵庫県立淡路医療センター 言語聴覚士
淡路摂食・嚥下障害研究会 代表
日本摂食・嚥下リハビリテーション学会評議員
日本摂食・嚥下リハビリテーション学会認定士

主な内容
・誤嚥・不顕性誤嚥・肺炎・誤嚥性肺炎
・スクリーニングテストとVF・VE
・嚥下調整食の物性と動態　ほか

［書籍］B5判 136頁
［DVD］66分
定価 3,900円+税
（商品番号 **601690**）

善意だと信じているそのケアがBPSDの原因かも？

本人の"言葉にならない声"を察するアセスメント力をつける！

下山久之
同朋大学 社会福祉学部 准教授
認知症ケアマッピングアドバンスマッパー

主な内容
・認知症ケアにかかわる人々の声を聞いてみよう！
・パーソン・センタード・ケアの考え方
・こじれた関係を紡ぎ直すパーソン・センタード・ケア事例集
・より良いケアを行うための+α
・効果的な研修・教育を行うために

B5判 168頁
定価 2,593円+税
（商品番号 **601761**）

看取りケアを実践する介護職を適切にサポート！

職員・職種間の考えの違いが解消できる！

東京都健康長寿医療センター研究所
福祉と生活ケア研究チーム研究員
伊東美緒　島田千穂

主な内容
・終末期の認知症・超高齢者の特徴
・現場でよくある事例で学ぶ！認知症・超高齢者の看取りケア実践と教育
・より良い認知症・超高齢者の看取りケアを実践するために必要な考え方

最新刊
B5判 144頁
定価 2,778円+税
（商品番号 **601796**）

新たな役割！地域連携業務がよくわかる！

地域包括ケアシステムの中でのデイ相談員の新しい役割を解説！

利用開始から終了までの業務内容が事例でわかる！

ケアマネ、地域、職種間、家族との連携・調整業務がわかる!! できる!!

大田区通所介護事業者連絡会 編

主な内容
・平成27年度介護報酬改定
・デイサービスの生活相談員とは
・経営的側面での役割
・生活相談員に求められる役割
・生活相談員の業務手順　ほか

B5判 240頁
定価 3,600円+税
（商品番号 **601778**）

デイ大激変！生き残りをかけた通所サービス運営の具体策！

制度改正の要点と加算取得に向けた現場実践の手立てがわかる！

日総研グループ
『通所介護&リハ』企画チーム 編

主な内容
・**通所介護編**
　認知症および重度者対応機能の強化と体制づくり　ほか
・**通所リハビリテーション編**
　生活期リハマネジメントの見直しと実践方法　ほか
・**通所系サービス共通編**
　送迎業務の見直しとその評価の進め方　ほか

B5判 224頁
定価 2,778円+税
（商品番号 **601763**）

利用者の「怖い」「痛い」「不快」を解消！

［監修］**中山幸代**
移動・移乗技術研究会 代表
元・田園調布学園大学 教授

主な内容
・ペヤ・ハルヴォール・ルンデの技術の思想と理論
・ベッド上での上方移動の介助
・ベッド上での横移動の介助
・仰臥位から側臥位（寝返り）の介助
・仰臥位から端座位の介助
・褥瘡のある利用者への移動介助
・ベッドから車いすへの移乗介助
・ベッドからストレッチャーへの移乗介助
・リフトを使用した移乗介助

DVD教材 約70分
定価 6,482円+税
（商品番号 **601747**）

 日総研　詳しくはスマホ・PCから　検索　日総研 601747　商品番号

電話 0120-054977
FAX 0120-052690（無料）

著者：松本健史　残存機能を奪ってしまうかかわりを見直そう！

通所利用者の生活機能の維持と向上！
生活の中にリハ・訓練を取り込む方法を実例で！

通所サービス
間違いだらけの
生活機能訓練
改善授業

B5判 192頁　定価 3,000円+税
（商品番号 601723）

主な内容
- よくある間違い心身機能 編
  【筋力トレーニング】【関節可動域訓練】
  【拘縮予防ストレッチ】【バランス訓練】
  【口腔ケア】【嚥下機能訓練】
  【言語機能訓練】
- よくある間違い身の回りの動作（ADL活動）編
  【起き上がり】【清潔・更衣】【移乗】
  【歩行】【排泄】【食事】
- よくある間違い家事（IADL活動）編
  【調理】【買い物】【掃除・洗濯】
- よくある間違い趣味・社会参加 編
- 達人のTweet

本書を加算取得、現場改善に！
無用な機能低下を防止！
適切なアセスメントとエビデンスを理解。
リハを生活の視点で実践！
利用者の身体機能に応じた
無理のない訓練の工夫がわかる。
機能訓練をチームで実行！
目標設定と評価の
仕方がわかり、
介護職の役割が明確に。

認知症の人の
「食べられない」
「食べたくない」
解決できるケア

枝広あや子　歯科医師
東京都健康長寿医療センター研究所
自立促進と介護予防研究チーム 研究員

最新刊
B5判 一部カラー
160頁
定価 2,778円+税
（商品番号 601795）

誤嚥性肺炎を予防する
安心安全な食事介助のコツ
アセスメントと
食支援アプローチの
具体策がわかる！

主な内容
・認知症の人の食支援を行うための基礎知識
・認知症の神経心理学的症状から読み解く"食べてくれない"
　"食べられない"場合のアプローチ方法
　"食べたくない"場合のアプローチ方法
　認知症の人への摂食嚥下を改善するアプローチ　ほか

平成27年介護報酬改定対応版
デイサービス
個別機能訓練
計画＆実践プログラム
DVDブック

改訂出来
DVDブック
B5判 296頁+DVD 82分
定価 4,500円+税
（商品番号 601775）

生活に必要な動作を取り戻す
実践プログラムDVD
個別の
課題設定と
計画立案・実施・
評価ができる！

張本浩平
合同会社gene 代表／理学療法士
梅田典宏
株式会社ジェネラス／理学療法士
大山敦史
株式会社ジェネラス／作業療法士

主な内容
・リハビリテーションの観点から個別機能訓練を再考する
・通所介護での機能訓練における問題点　ほか

見直し！
認知症ケア
パーソン・センタード・ケアの実践

石川　進

最新刊
B5判 264頁
定価 3,241円+税
（商品番号 601789）

「利用者本位の視点」に転換し、
適切なケア展開を！
認知症ケアの達人
スーパーバイザーが
現場の悩みを解決！

石川　進
社会福祉法人寿会
認知症相談支援・研修センター 結
センター長／大阪府認知症介護指導者

主な内容
・「パーソンセンタードケア」を実践する上で大切なこと
・「本人の視点」でケアの展開を考える
・代弁者となって「本人の思い」を理解する
・優先順位を考慮した利用者本位の認知症ケア　ほか

2015年
介護報酬改定対応！
デイサービス
機能訓練指導員の
実践的教科書

藤田健次

A4判 416頁
定価 5,556円+税
（商品番号 601781）

利用者の生活機能の維持・向上につながる訓練実施方法を
わかりやすく解説！
個別機能訓練加算
（Ⅰ）（Ⅱ）の算定要件に
沿った実務の具体的な
進め方がよく分かる！

藤田健次
株式会社アクティブサポート
代表取締役
心身機能訓練・
レクリエーション研究所 所長
作業療法士／主任介護支援専門員

主な内容
・デイサービス機能訓練指導員の実務
・個別機能訓練計画関連書式集
・個別機能訓練計画記載事例集

日総研　詳しくはスマホ・PCから　検索　日総研 601781　商品番号
電話 0120-054977
FAX 0120-052690